논리 수학 대소동

▨ 일러두기 ▨

- 이 책은 베틀북에서 발행한 『수학 시험을 막아라!』를 새롭게 펴낸 책입니다.
- 이 책은 '꿈수영(꿈꾸는 수학영재)' 시리즈의 첫 번째 책입니다. 꿈수영 시리즈는 초등수학을 공부하는 데 유익한 수학동화 시리즈입니다. 대치동에서 수학동화 읽기와 탐구노트 쓰기로 입소문 난 매쓰몽의 교육 노하우로 만든 책들로 구성했습니다.
- 수학동화를 이용한 수학수업과 수학탐구노트 쓰기와 관련된 더 많은 자료는 네이버 매쓰몽 카페(http://cafe.naver.com/brenos)와 블로그(http://blog.naver.com/tndhkqnr86)를 참고하시기 바랍니다.

꿈수영(꿈꾸는 수학영재) 시리즈 1
• 사고력편 1 •

꿀꿀 삼총사와 함께하는
논리 수학 대소동

로베르트 그리스벡 지음
닐스 플리그너 그림
최순근 옮김

수와북 The Story of Math

머리말

'꿈수영' 시리즈 첫 번째 책을 펴내며

'어떻게 하면 수학을 재미있게 공부할 수 있을까?'

많은 친구들이 수학은 재미없고 어렵지만 중요한 과목이라서 억지로 공부한다고 말합니다. 숫자만 가득한 식을 계산하라고 하면 수학이 싫어지죠? 하지만 수학은 재미없고 어려운 과목이 아니랍니다.

오랫동안 초등학생 친구들에게 수학을 가르치면서, 어떻게 하면 수학을 재미있게 공부할 수 있을지 고민했답니다. 그러다 수학동화를 읽으면 어렵게 느껴지는 수학이 재미있어지고, 탐구노트를 쓰면 수학적 사고력과 창의력을 기를 수 있음을 알게 되었죠.

그래서 2010년 대치동에서 브레노스(지금은 매쓰몽)라는 학원을 개원하고 초등학생 친구들과 함께 수학동화를 읽고 토론하며, 그 주제를 확장시켜 탐구노트를 쓰면서 수학을 재미있게 공부했답니다. 실제로 이렇게 수학동화를 읽고 탐구노트를 쓰며 수학적 사고력과 창의력을 키운 덕분에 전국경시대회에서 대상을 받는 친구들도 있고, 대학부설 및 교육청 영재교육원에도 많은 친구들이 합격했어요. 특히 사고력 문제와 서술형 시험에서 뛰어난 성과를 거두었죠.

  한 달에 두 권 정도의 수학동화를 읽고 탐구노트를 쓰는 것만으로도 수학 공부를 충분히 할 수 있다는 것을 경험한 우리는, '꿈수영(꿈꾸는 수학영재)' 시리즈를 기획하게 되었습니다. 꿈수영 시리즈는 초등수학 교과과정을 재미있게 공부할 수 있도록 만든 수학동화 시리즈입니다. 초등수학의 교과과정은 '수와 연산', '도형', '측정', '규칙성', '자료와 가능성'으로 영역이 나뉩니다. 그런데 수학을 진짜 잘하기 위해서는 이 영역 외에도 읽어야 할 책들이 있답니다. 바로 '사고력'과 관련된 책들입니다.

  '꿈수영(꿈꾸는 수학영재)' 시리즈의 첫 번째 책인 『논리 수학 대소동』은, 재미있는 이야기를 읽으면서 엉뚱하고도 기발한 47가지 논리 수학 문제를 풀도록 한 책입니다. 47가지 문제들을 하나하나 풀다 보면 수와 연산, 측정, 도형, 확률과 통계, 집합 등 수학의 중요한 개념들을 자연스레 익힐 수 있답니다. 더불어 수학 문제를 논리적으로 이해하고 차근차근 답을 내는 과정까지 배울 수 있어요. 이 책은 수학을 어려워하는 친구에게는 수학의 필요성을 느끼게 해 주고, 수학을 좋아하고 잘하는 친구에게는 수학의 폭과 깊이를 넓혀 줄 것입니다.

  47가지 문제를 풀다 보면 자연스레 수학적 논리와 사고를 기를 수 있는 이 책이, 여러분에게 좋은 친구가 되어 주기를 바랍니다.

차례

머리말 ☆ '꿈수영' 시리즈 첫 번째 책을 펴내며 • 04

1장 돼지학교의 꿀꿀 삼총사

2장 수학 시험 방해 작전

첫 번째 문제 ☆ 가로줄과 세로줄의 합을 같게 하려면? • 17

두 번째 문제 ☆ 3+3+3=346? • 19

세 번째 문제 ☆ 왕관은 순금일까? • 21

네 번째 문제 ☆ 거짓말하는 선생님은 몇 명일까? • 23

다섯 번째 문제 ☆ 수영도 잠수도 못 하는 학생은 몇 명일까? • 26

여섯 번째 문제 ☆ 램프의 불을 밝혀라! • 28

일곱 번째 문제 ☆ 발판 몇 개가 물에 잠겼을까? • 31

여덟 번째 문제 ☆ 달리기 시합에서 누가 이겼을까? • 34

아홉 번째 문제 ☆ 왜 대문을 통과하지 못할까? • 37

열 번째 문제 ☆ 암호를 풀어라! • 40

꿀꿀 삼총사, 정답이 뭐야? • 44

3장 수학이 이렇게 재미있을 줄이야

열한 번째 문제 ☆ 4리터를 만들어라! • 51

열두 번째 문제 ☆ 마지막 남은 동전을 먼저 가져와라! • 54

열세 번째 문제 ☆ 4년마다 한 번 생일을 맞이한다고? • 57

열네 번째 문제 ☆ 누가 거짓말을 하는 걸까? • 59

열다섯 번째 문제 ☆ 할머니는 왜 다치지 않았을까? • 62

열여섯 번째 문제 ☆ 수학 시험지를 찾아라! • 64

열일곱 번째 문제 ☆ 어느 것이 우리 집 스위치일까? • 66

열여덟 번째 문제 ☆ 할아버지는 꿈 때문에 돌아가셨을까? • 68

열아홉 번째 문제 ☆ 지구는 얼마나 무거워질까? • 71

스무 번째 문제 ☆ 밧줄의 매듭은 몇 개가 될까? • 74

스물한 번째 문제 ☆ 몇 시간 만에 우물에서 탈출할까? • 77

꿀꿀 삼총사, 정답이 뭐야? • 80

4장 삼총사와 선생님의 두뇌 싸움

스물두 번째 문제 ☆ 며칠이나 경기해야 할까? • 87

스물세 번째 문제 ☆ 쉬는 시간을 주세요 • 90

스물네 번째 문제 ☆ 물웅덩이를 어떻게 건넜을까? • 92

스물다섯 번째 문제 ☆ 뒤바뀐 과자 상자를 찾아라 • 95

스물여섯 번째 문제 ☆ 주사위의 비밀 • 98

스물일곱 번째 문제 ☆ 1,000원은 어디로 사라졌을까? • 101

스물여덟 번째 문제 ☆ 단 하나의 진실을 찾아라 • 103

스물아홉 번째 문제 ☆ 가짜 동전이 든 자루를 찾아라 • 106

서른 번째 문제 ☆ 자전거 경주와 새 한 마리 • 110

서른한 번째 문제 ☆ 11분 뒤에 폭파 스위치를 눌러라 • 113

꿀꿀 삼총사, 정답이 뭐야? • 116

5장 수학이 이렇게 쓸모 있을 줄이야

서른두 번째 문제 ☆ 몇 그루의 은행나무를 준비해야 할까? • 123

서른세 번째 문제 ☆ 얼마나 빨리 달려야 할까? • 126

서른네 번째 문제 ☆ 누가 자기 귀에 꽂힌 깃털 색을 맞혔을까? • 129

서른다섯 번째 문제 ☆ 한 시간 만에 다리를 건너라! • 132

서른여섯 번째 문제 ☆ 며칠 만에 연못의 4분의 1을 덮을까? • 135

서른일곱 번째 문제 ☆ 체인을 하나로 연결하라! • 137

서른여덟 번째 문제 ☆ 할아버지의 유산 • 140

서른아홉 번째 문제 ☆ 주사위와 경우의 수 • 143

꿀꿀 삼총사, 정답이 뭐야? • 146

6장 교장 선생님과의 대결

마흔 번째 문제 ☆ 사이다 21개 • 151

마흔한 번째 문제 ☆ 신기한 숫자 • 154

마흔두 번째 문제 ☆ 어머니와 강아지는 몇 살일까? • 157

마흔세 번째 문제 ☆ 바람 부는 날에 돗자리를 고정시켜라 • 160

마흔네 번째 문제 ☆ 색연필 몇 개가 필요할까? • 163

마흔다섯 번째 문제 ☆ 코르크 마개의 값은 얼마일까? • 166

마흔여섯 번째 문제 ☆ 담장 위에는 몇 마리가 남아 있을까? • 169

마흔일곱 번째 문제 ☆ 출석부는 누가 가져갔을까? • 171

꿀꿀 삼총사, 정답이 뭐야? • 174

사람들은 더럽고 미련하다며 돼지들을 업신여깁니다. 하지만 돼지는 매우 깨끗할 뿐만 아니라 영리하기까지 합니다. 그렇지만 영리하다고 해서 모든 것을 잘할 수 있는 것은 아니에요. 아기 돼지들이 나중에 조종사와 수의사 등 멋지고 당당한 어른 돼지로 자라기 위해서는 먼저 학교에 다녀야만 합니다.

　아기 돼지들은 학교에서 어른 돼지가 알아야 할 모든 것을 배웁니다. 국어와 영어, 과학과 사회, 음악과 체육 그리고 가장 어렵다고 하는 수학도 배웁니다.

　돼지학교의 꿀꿀 삼총사도 똑똑한 어른이 되기 위해 베이컨 선생님에게 이 모든 것을 배우고 있어요.

하인은 돼지학교의 4학년입니다. 수학과 축구, 영어를 아주 잘하는 영리하고 똑똑한 돼지예요. 천재 돼지로 통할 정도로 돼지 아이큐가 244로 높죠.

'돼지 아이큐'가 뭐냐고요? 그건 바로 돼지들 사이에서 머리가 얼마나 좋은지를 나타내는 수치랍니다. 사람들이 '아이큐'라고 부르는 지능 지수와 비슷한 거죠.

돼지 아이큐가 244나 되는 건 정말이지 매우 드문 일입니다. 과학자 알버트 아인슈타인이 돼지로 태어났더라도, 이보다 더 높은 돼지 아이큐를 얻지는 못했을 거예요.

하지만 하인은 남들 앞에서 잘난 척하지 않지요. 수학 시간에 베이컨 선생님을 골려 주는 일만 빼고요.

제임스는 하인의 가장 친한 친구예요. 하지만 교실에서는 하인이 앉은 자리에서 세 줄이나 뒤에 떨어져 앉습니다. 이 둘은 수학 시간마다 이상한 질문을 던져서 수업 분위기를 흐리기 때문에 그런 겁니다. 그래서 베이컨 선생님이 이 둘을 떨어뜨려 놓았죠.

제임스는 교묘한 속임수나 수수께끼를 훤히 꿰뚫고 있습니다. 수학 시간에 천연덕스러운 얼굴로 베이컨 선생님을 바라보며 황당한 질문을 하죠. 그럴 때면 순진한 선생님은 번번이 속고 말죠.

볼레는 제임스의 이란성 쌍둥이 동생입니다. 하인과 제임스처럼 수학을 잘하지 못하지만 우스갯소리만큼은 반에서 가장 잘합니다.

꿀꿀 삼총사가 모이면 세상 누구도 이들을 당해 낼 수가 없습니다. 선생님들 모두가 절레절레 고개를 흔들 정도죠.

베이컨 선생님은 꿀꿀 삼총사의 담임선생님입니다. 마음씨 좋고 실력 있는 선생님이죠. 하지만 수학 시간에 꿀꿀 삼총사 앞에만 서면 온몸이 사시나무 떨리듯 떨리신답니다. 이러니 수학 수업을 제대로 할 수나 있을까요?

　이번 수요일에 베이컨 선생님은 수학 시험을 보려고 합니다. 하지만 꿀꿀 삼총사 하인, 제임스, 볼레는 어떻게든 시험을 안 보려고 합니다.

　이들이 수학을 못 해서 그런 것은 아닙니다. 같은 반 친구이자 하인의 사촌들인 안네와 수잔이 시험을 볼 수 없도록 선생님을 방해해 달라고 부탁했기 때문이죠.

　제임스와 볼레 형제는 안네와 수잔을 좋아해요. 그래서 어떻게든 그 둘에게 잘 보이고 싶어서 시험을 보지 못하게 훼방을 놓으려 합니다. 더구나 수학 시험을 막으면 안네와 수잔이 꿀꿀 삼총사에게 달콤한 돼지바를 사 주겠다고 약속했거든요.

　그럼 꿀꿀 삼총사가 어떻게 수학 시험을 막는지 구경하러 가 볼까요?

2장 수학 시험 방해 작전

첫 번째 문제

가로줄과 세로줄의 합을 같게 하려면?

베이컨 선생님이 교실 안으로 들어오자마자 꿀꿀 삼총사의 방해 작전이 시작됩니다. 하인이 난데없이 호주머니에서 손수건을 꺼내다가 동전 몇 개를 바닥에 떨어뜨립니다. 100원짜리 동전 아홉 개를 떨어뜨렸죠. 그러자 하인이 하소연을 늘어놓았어요.

"선생님, 보세요. 이게 이번 달 제 용돈인데요. 겨우 900원 남았어요!"

우리처럼 돼지들도 매달 용돈을 받는답니다. 돼지들도 학교를 다니고 친구도 사귀니, 용돈이 필요할 수밖에요. 베이컨 선생님은 하인이 용돈을 얼마나 받는지에 대해서는 관심이 없답니다. 하지만 하인은 진지한 목소리로 질문합니다.

"선생님, 이 아홉 개의 동전을 가지고 십자가를 만들면 가로줄의 합과 세로줄의 합이 각각 500원이 되잖아요. 그런데 딱 네 번만 움직여서 가로줄의 합과 세로줄의 합이 각각 700원이 되도록 만들 수 있으세요?"

베이컨 선생님은 또 이상한 질문을 하기 시작했다고 생각해서 긴장합니다. 동전 아홉 개를 한동안 바라보더니, 고개를 흔들면서 말합니다.

"그건 절대 가능하지 않아!"

"절대로 가능하지 않다고요?"

"그래, 불가능해!"

"그럼, 제가 설명해 볼게요!"

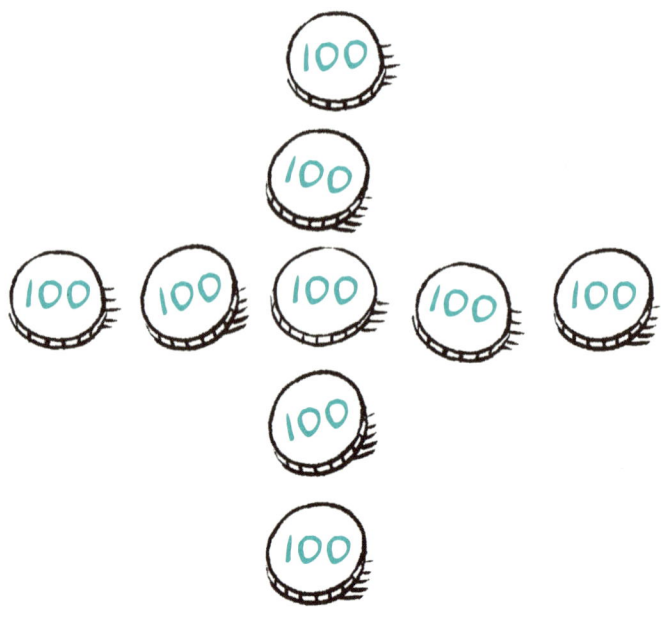

두 번째 문제

3+3+3=346?

"어때요? 정말 가능하죠?"

하인이 웃으며 말합니다. 1라운드는 분명히 하인의 승리인 것 같네요. 하지만 상황이 달라지게 됩니다. 베이컨 선생님이 봉투를 열었기 때문입니다. 그 안에는 시험지가 들어 있습니다.

그러자 볼레가 자리에서 일어나 소리칩니다.

"선생님, 잠깐만요!"

일단 시험지를 나눠 주면 더 이상 기회가 없다는 것을 알기 때문이지요.

"제가 수수께끼를 하나 낼게요. 시험을 치기 전에 긴장도 풀 겸 수수께끼를 낼 테니, 선생님이 알아맞혀 보세요."

그러자 선생님이 말합니다.

"또 시험을 방해하려 하는구나! 어서 자리에 앉아라!"

베이컨 선생님은 선수를 칩니다.

"수수께끼는 내가 내마. '3+3+3=346'이라는 잘못된 식이

있는데, 선을 하나만 그으면
옳은 식이 될 수도 있지.
어디에 선을 그으면 될까?"

볼레가 선뜻 대답하지
못하고 우물쭈물합니다.

"그만 자리에 앉아라."

그러자 교실 여기저
기서 웃음이 터져 나옵
니다. 몇몇이 꿀꿀거리며 볼레를 쳐다봅니다.

그러자 하인이 나섭니다.

"제가 풀게요!"

세 번째 문제

왕관은 순금일까?

"그래, 정말 네 말이 맞구나."

베이컨 선생님이 아쉽다는 듯이 말합니다. 선생님은 이번에 야말로 꿀꿀 삼총사를 골탕 먹일 수 있다고 생각했는데, 하인 때문에 물거품이 되었습니다.

그런데 제임스가 갑자기 손을 번쩍 듭니다.

"왜 그러니, 제임스? 정말 중요한 게 아니거든 나중에 하렴."

제임스가 말합니다.

"당연히 중요한 일입니다. 수학과 관련된 질문이에요. 우리나라에 수학자 돼지가 있습니다. 어느 날 수학자 돼지가 목욕을 하다가 왕관을 바라보았지요. 왕관은 왕이 선물로 받은 것인데, 의심이 많은 왕은 목욕을 하다가 그것이 순금인지 확인하고 싶어졌어요. 그래서 수학자 돼지에게 욕조에서 그것을 증명하라고 했어요. 만약 해결하지 못하면 수학자 돼지를 목욕물에 삶아 버리겠다고 했어요. 과연 수학자 돼지는 이 문제를 어떻게 해결했을까요?"

베이컨 선생님이 말합니다.

"왕관을 녹여 보면 순금인지 아닌지 알 수 있지 않니?"

"아니요! 왕관을 녹이는 건 안 돼요!"

제임스가 대답했어요. 그러자 수잔이 울음을 터트리며 말합니다.

"불쌍한 수학자 돼지! 선생님, 얼른 좋은 방법을 생각해 보세요!"

하지만 선생님은 좋은 방법이 생각나지 않습니다. 그는 학생 돼지들의 얼굴만 멀뚱멀뚱 바라볼 뿐입니다.

네 번째 문제

거짓말하는 선생님은 몇 명일까?

베이컨 선생님 대신 꿀꿀 삼총사가 이 문제의 정답을 맞히자 수잔이 울음을 멈추었어요. 그러자 교실은 곧 조용해졌지요. 이때다 싶은 선생님이 봉투 속에서 시험지를 꺼내려 합니다.

"자, 이제 시험을 보자."

그때 갑자기 하인이 나섭니다.

"선생님, 질문이 있습니다!"

선생님이 하인을 쳐다보며 묻습니다.

"하지만 오늘 시험과는 아무 상관도 없는 질문이겠지?"

하인이 대답했어요.

"아니에요. 이 질문은 논리와 관련된 문제예요. 선생님은 논리적인 걸 좋아하시잖아요. 수학을 잘하려면 논리적으로 생각해야 한다고 하셨고요."

자신이 한 말도 있으니, 베이컨 선생님은 한숨을 쉬면서 말합니다.

"그래, 좋다. 어떤 질문인지 어디 들어나 보자."

"자, 그럼 질문할게요. 교무실 원탁에 선생님들 몇 분이 둘러앉아 있어요. 선생님들이 모두 몇 명인지는 정확히 알 수는 없지만, 항상 거짓말을 말하는 선생님 옆에는 항상 진실만을 말하는 선생님이 앉아 있죠. 다시 말해 거짓말을 말하는 선생님과 진실만을 말하는 선생님이 번갈아 앉아 있는 거죠."

베이컨 선생님이 화난 표정으로 말합니다.

"선생님들은 절대로 거짓말을 하지 않아!"

"예, 선생님 말씀이 옳아요. 하지만 이건 단지 문제일 뿐이에

요. 그런데 한 선생님이 '이 원탁에는 우리 아홉 명 말고는 한 명도 더 앉을 자리가 없어' 하고 말했어요. 그러자 옆에 앉은 선생님이 '말도 안 돼! 우린 열 명이야' 하고 대꾸했지요. 자, 그렇다면 교무실에는 거짓말을 하는 선생님이 모두 몇 명 앉아 있는 걸까요?"

베이컨 선생님이 진지한 표정으로 말합니다.

"분명히 말하지만 선생님들은 거짓말을 안 한단다."

"이건 어디까지나 문제니까 거짓말을 하는 선생님이 있다고 친 거예요. 실제로 교무실에는 거짓말쟁이 선생님이 안 계시죠. 그러니 이제 거짓말을 하는 선생님이 모두 몇 명 앉아 있는지 알아맞혀 보세요."

교무실 원탁에는 과연 거짓말을 하는 선생님이 몇 명 앉아 있는 걸까요?

다섯 번째 문제

수영도 잠수도 못 하는 학생은 몇 명일까?

하인이 안타깝다는 듯이 말합니다.

"선생님, 거의 맞히실 수도 있었는데, 안타깝네요. 하지만 아직 기회는 있습니다. 기회를 한 번 더 드릴게요."

베이컨 선생님이 기회를 더 주지 않아도 된다고, 이제는 정말로 수학 시험을 봐야 한다고 말하기 전에, 하인이 새로운 문제를

냅니다.

"어제 우리는 체육 시간에 수영을 배웠어요. 우리 반 아이들 24명이 수영장에 갔지요. 그중 21명은 수영을 할 줄 알고, 20명은 잠수를 할 수 있고, 18명은 수영도 하고 잠수도 할 수 있어요. 자, 그렇다면 우리 반에는 수영도 못 하고 잠수도 못 하는 아이는 모두 몇 명일까요?"

베이컨 선생님은 더 이상 어떤 질문에도 대답하지 않겠다고 단단히 벼르고 있었어요. 하지만 막상 문제를 들으니 답이 무엇일지 궁금해졌지 뭐예요.

정답은 46쪽에 있어요!

여섯 번째 문제

램프의 불을 밝혀라!

"안타깝게도 또 틀리셨네요."

하인이 말했어요.

"음, 하지만 흥미로운 질문이 하나 더 있습니다."

그러자 베이컨 선생님이 소리칩니다. 어찌나 흥분했는지 꿀꿀 소리가 터져 나올 뻔했어요.

"됐어! 이제 그만!"

선생님이 잠시 흥분을 가라앉히더니, 이내 차분한 목소리로 말합니다.

"이제 시험을 봐야겠구나. 그러니……."

하지만 선생님의 말이 채 끝나기도 전에, 이번에는 제임스가 나섭니다.

"선생님, 매주 금요일마다 텔레비전에서 방송하는 '돼지와 정글 캠프'라는 프로그램을 보신 적 있으세요?"

베이컨 선생님은 '돼지와 정글 캠프'의 애청자랍니다. 매주 금요일마다 이 프로그램을 보려고 텔레비전 앞을 떠나지 않죠. 선생님이 머뭇거리는 틈을 타 제임스가 말합니다.

"이 '돼지와 정글 캠프'에서, 주인공 돼지들은 일주일 동안 전기가 없는 마을에서 지내야 해요. 이들은 램프는 물론이고 충분한 음식과 침낭도 가지고 있지요. 그런데 5일이 지나자, 그만 램프가 꺼졌습니다. 그 램프에는 충분한 양의 석유가 남아 있지

만, 심지가 짧아서 석유가 있는 곳까지 닿지 않았죠. 게다가 램프를 채울 여유분의 석유도 없답니다. 이런 상황에서 계속 불을 밝히려면 어떻게 해야 할까요?"

더 이상 꿀꿀 삼총사의 꾀에 넘어가서는 안 되겠다고 생각한 베이컨 선생님이 말합니다.

"그게 수학 시험과 무슨 상관이 있니?"

제임스가 말합니다.

"이 문제 역시 논리와 관련된 거예요. 선생님이 항상 말씀하셨잖아요. 논리적으로 생각하면 수학 문제를 거의 반 이상 풀 수 있다고요."

'그래, 내가 분명 그렇게 말했지……..'

선생님은 자신이 한 말에 책임을 지기 위해 논리적으로 생각하기 시작합니다.

일곱 번째 문제

발판 몇 개가 물에 잠겼을까?

"와, 선생님은 역시 논리적인 분이세요!"

베이컨 선생님이 드디어 정답을 말하자, 학생들이 박수를 칩니다. 선생님이 어깨를 으쓱거리면서 말합니다.

"이제 그만 시험을 보자구나."

그러자 이번에는 볼레가 나섭니다.

"선생님, 어디 편찮으세요? 안색이 안 좋으세요. 편찮으시면 시험을 다음에 봐도 되는데요……."

"무슨 소리! 나는 아무렇지도 않다! 자, 이제 시험지를 꺼낼 테니 시험을 시작하겠다."

"선생님이 시험 이야기를 하시니까, 우리 할아버지가 저에게 들려주신 이야기가 떠오르네요. 아주 재미있는 이야기예요."

그러자 다른 학생들이 그 이야기를 듣고 싶다며 소란을 피웁니다. 베이컨 선생님이 한숨을 쉬며 말합니다.

"그럼 짧게, 아주 짧게 이야기해 보거라."

"음, 어느 날 항구에서 할아버지는 배의 벽을 칠해야만 했답니다. 배의 벽에는 사다리가 놓여 있었는데, 사다리의 길이는 240센티미터였어요. 그 사다리에는 12센티미터 간격으로 발판이 19개 붙어 있었죠. 그런데 밀물이 밀려와서 바닷물의 높이가 50센티미터나 높아졌어요. 그렇다면 발판 몇 개가 물에 잠겼을까요? 그렇게 어려운 문제는 아니죠?"

"그러게 말이다."

선생님은 자신 있는 목소리로 대답하더니, 이내 분필을 손에 쥐고 칠판에 사다리를 그립니다.

"그러니까 답을 구하려면, 240센티미터에서 50센티미터를 뺀 다음에, 이를 12센티미터로 나누어야겠구나. 아니면, 먼저 50센티미터에서 12센티미터를 빼고……."

볼레가 하인과 제임스를 쳐다보며 한쪽 눈을 깜빡입니다. 하인과 제임스는 시계를 봅니다. 시험 시간이 40분 남았습니다. 이제 40분만 지나면 수학 시험을 피할 수 있습니다.

여덟 번째 문제

달리기 시합에서 누가 이겼을까?

"틀렸어요!"

볼레가 신나게 소리치자 모든 학생들이 웃었어요. 베이컨 선생님이 억울하다는 표정을 지으며 말합니다.

"이건 정말 말도 안 되는 속임수였어. 수학 문제가 아니라 난센스 퀴즈잖아!"

어찌나 약이 올랐는지 시험을 봐야 한다는 것조차 잊어버립니다.

"이런 문제를 낼 수는 없어! 수학 시간에는 수학과 관련된 문제를 내야지!"

그러자 하인이 손을 들며 말합니다.

"알겠어요. 그럼 이번에는 제가 진짜로 수학적인 문제를 내 볼게요. 쌍둥이 형제 제임스와 볼레가 달리기 시합을 했어요. 학교 앞에 있는 느티나무에서 교문 앞까지 말이죠. 거리는 정확히 100미터예요. 목적지에 도착했을 때 제임스가 볼레보다 5미

터 앞서서 들어왔어요. 그러자 볼레가 억울해서 씩씩거렸죠. 볼레는 제임스보다 3분 늦게 태어난 쌍둥이 동생이지만 형에게 지는 게 싫었죠. 그래서 시합을 다시 하자고 했어요. 이번엔 제임스가 볼레보다 5미터 뒤에서 출발하는 조건으로 말이에요. 이번엔 과연 누가 이길까요?"

베이컨 선생님이 의심스러운 눈초리로 하인을 바라봅니다.

"음, 이번에도 난센스 퀴즈를 내는 건 아니지?"

"제 이름을 걸고 맹세할게요. 이번 문제는 수학 문제예요!"

"그렇다면 그리 어렵지 않게 풀 수 있겠구나!"

선생님은 칠판에 수와 식을 쓰면서 중얼거립니다.

"자, 먼저 거리인 100미터를 x라 하고, 105미터를 x+5라고 하자. 그런 다음에 볼레가 달리는 데 걸리는 시간을 a라 하고, 제임스가 달리는 데 걸리는 시간을 b라 하고, 이를 나누면 될 거야. 그러니까……."

아홉 번째 문제

왜 대문을 통과하지 못할까?

베이컨 선생님은 이마에 흐르는 땀을 닦아내고 있어요. 천재 돼지 하인이 낸 문제를 또다시 풀지 못해서 쥐구멍이라도 찾고 싶은 심정이랍니다. 이 난처한 상황에서 벗어나려면 하인에게 아주 어려운 수학 문제를 내서 앙갚음을 해야 하는데, 도무지 마땅한 문제가 떠오르지 않습니다.

그때 제임스가 나섭니다.

"선생님, 제가 아주 희한한 일을 겪었어요. 두 눈으로 똑똑히 보고도 도저히 믿을 수가 없는 미스터리한 일인데요. 얘기 좀 할까요?"

선생님은 기운 없는 목소리로 대답합니다.

"그래, 수학과 관련된 것이라면……."

"네, 당연하죠. 어제 저는 부엌 창문 옆에 앉아 마당을 내려다보고 있었어요. 우리 집 2층에 새로 이사 온 사람들이 이삿짐을 싣고 왔어요. 트럭이 우리 집 대문 안으로 아주 조심스럽게 들어가려고 했죠. 왜냐하면 트럭이 너무 높아서 대문을 통과하지 못할 것 같았거든요. 그래서 이삿짐을 나르는 사람들이 낑낑대고 있었죠. 다행히 트럭은 간신히 우리 집 대문을 통과했어요. 트럭에 실린 짐들을 내려서 모든 것을 2층으로 옮겼습니다."

이야기를 듣고 있던 선생님이 말합니다.

"이건 수학과 관련 없는 것 같은데……. 게다가 그다지 재미도 없구나."

"좀 더 들어보세요. 이사를 끝내고 트럭이 다시 대문을 통과하려 했더니, 희한하게도 대문을 통과하지 못했어요. 트럭이 대문 위에 부딪쳐서 꼼짝도 못 하는 거예요. 이상하죠? 트럭은 분명 대문을 통과했는데요."

"그러게 말이다. 희한한 일이구나. 그런데 네가 좀 전에 수학과 관련된 이야기라고 하지 않았니? 이 이야기가 도대체 수학과 무슨 상관있는 거니? 하지만 왜 들어올 때와는 달리 나갈 때는 대문을 통과하지 못했는지 궁금하구나……."

열 번째 문제

암호를 풀어라!

"이제 그만해! 이것도 수학 문제가 아니라 난센스 퀴즈잖아!"

베이컨 선생님이 큰 소리로 고함을 칩니다. 이번에도 속았다고 생각한 선생님은 분해서 참지 못한 겁니다.

"이제 정말 시험지를 돌리겠다. 모두 조용히 문제를 풀도록!"

그때 볼레가 나섭니다.

"우리는 아직 준비가 안 되어 있어요. 게다가 선생님은 아직 암호를 말씀하지 않으셨어요."

느닷없이 암호를 이야기하니 베이컨 선생님이 말합니다.

"뭐라고? 암호라니? 그건 또 무슨 소리냐?"

"그래요, 암호 말입니다. 기억 못 하세요? 지난 수업 시간에 선생님이 우리와 약속하셨잖아요. 시험 보기 전에 선생님이 우리가 낸 암호 문제를 풀지 못하면 시험을 안 보기로 했어요. 하지만 걱정하지 마세요. 선생님이라면 분명 암호를 쉽게 푸실 거예요."

선생님은 그제야 지난 시간에 학생들과 약속했던 일이 떠오릅니다.

"그, 그래, 내가 어떻게 하면 되니?"

볼레가 말합니다.

"제가 먼저 암호를 말하고 다음 아이를 지목하면, 그 아이가 암호를 말하고 그 다음 아이를 지목할 거예요. 그렇게 계속 이어가다가 선생님 차례가 되면 암호를 말하시면 돼요!"

볼레가 말합니다.

"1! 다음은 하인!"

하인이 말합니다.

"11! 수잔!"

수잔이 자신 없는 목소리로 말합니다.

"12?"

"맞았어! 다음 아이를 지목해!"

"안네, 네 차례야."

"1121, 제임스!"

"122111, 하인!"

학생들이 암호를 척척 말하자, 선생님이 놀라고 맙니다. 하인이 선생님을 바라보며 말합니다.

"112213, 베이컨 선생님!"

"어, 그러니까 암호는……. 네가 112213이라고 했으니까……."

선생님이 식은땀을 뻘뻘 흘립니다.

"모르시죠? 그럼 시험을 안 봐도 되겠네요!"

하인이 씩씩한 소리로 말하자, 아이들이 박수를 칩니다.

정답은 48쪽에 있어요!

 꿀꿀 삼총사, 정답이 뭐야?

첫 번째 문제 풀이

동전 아홉 개로 십자가를 만들면 가로줄의 합도 500원, 세로줄의 합도 500원이 됩니다. 동전은 아홉 개이지만 가로줄과 세로줄의 합은 1,000원이 되지요. 십자가의 가운데에 있는 100원이 가로줄에도 속하고 세로줄에도 속하니까요.

가로줄의 합과 세로줄의 합이 각각 700원이 되는 십자가를 만들려면, 가로줄과 세로줄의 합은 1,400원이 되어야 합니다. 십자가 가운데에는 500원이 놓이면 되는 것이죠.

따라서 양 끝에 있는 100원짜리 동전 네 개를 움직여 십자가 가운데에 있는 100원 위에 겹쳐 놓으면, 가로줄의 합과 세로줄의 합은 각각 700원이 됩니다.

두 번째 문제 풀이

이 수수께끼는 숫자나 부호를 바꾸더라도 해결할 수 없습니다. 이 수수께끼를 다시 잘 읽어 보세요. 선생님은 분명히 숫자나 수학 기호를 바꾸라는 말을 하지 않았습니다. '선'을 하나만 그으라고 했지요.

'+' 부호 두 개 중 하나에 선을 그어 보세요. '+'를 '4'로 바꾸면 '343+3=346'이 되지요? 다르게 생각하니 문제를 풀 수 있지요?

세 번째 문제 풀이

밀도가 다른 물체는 무게가 똑같더라도 부피가 다릅니다. 왕관과 무게가 똑같은 순금의 부피와 왕관의 부피를 각각 재어 본 다음, 그 두 물체의 부피가 같다면 왕관은 순금으로 만들어진 것입니다. 왕관의 부피가 순금의 부피와 다르다면, 순금이 아니라 다른 금속이 들어간 것이죠.

그럼 부피는 어떻게 알아볼 수 있을까요? 물이 가득 들어 있는 욕조에 왕관을 넣으면 물이 넘칩니다. 이때 넘치는 물의 양이 왕관의 부피이죠. 마찬가지로 욕조에 왕관을 넣을 때 흘러넘친 물의 양과 같은 양의 순금을 넣어 보세요. 순금을 넣었을 때 흘러넘치는 물의 양이 왕관을 넣었을 때 흘러넘친 물의 양과 같다면, 왕관은 순금으로 만들어진 것이고, 아니면 순금으로 만든 것이 아닙니다.

이 방법은 그리스의 수학자 아르키메데스가 발견했어요. 그는 목욕탕에서 이 방법을 깨닫고는 기뻐서 "유레카!"라고 외치면서 알몸으로 뛰어나왔답니다.

네 번째 문제 풀이

항상 거짓말하는 선생님이 항상 진실을 말하는 선생님과 나란히 앉아 있으려면, 먼저 원탁에 앉은 선생님들의 수가 반드시 짝수가 되어야 합니다. 그렇지 않으면 항상 거짓말하는 선생님과 항상 진실만을 말하는 선생님이 번갈아 앉을

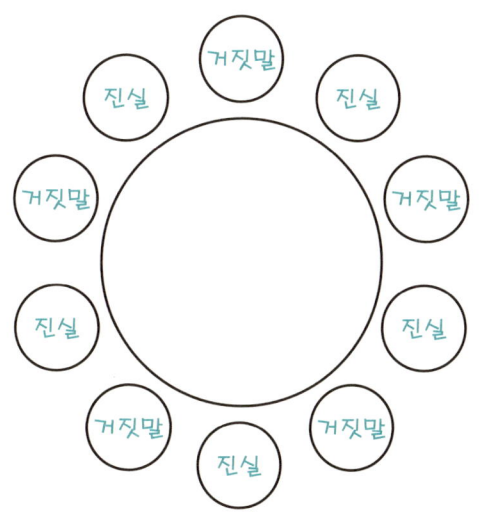

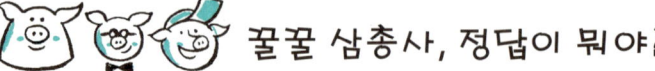 꿀꿀 삼총사, 정답이 뭐야?

수 없으니까요. 이 사실은 친구들과 둘러앉아 보거나 그림을 그려 보면 알 수 있어요. 그렇다면 원탁에 앉은 선생님들은 9명이 될 수는 없지요.

따라서 원탁에 앉은 선생님은 모두 열 명이고, 원탁에는 거짓말을 하는 선생님이 그중 절반인 다섯 명이 앉아 있는 것이죠.

다섯 번째 문제 풀이

이 문제의 정답을 맞히려면 먼저 18명이 수영도 할 수 있고 잠수도 할 수 있다는 사실을 기억해야 합니다. 그렇다면 전체 24명 중 18명을 제외한 6명 가운데 수영만 하거나 잠수만 할 수 있는 학생, 그리고 둘 다 못 하는 학생이 포함된 셈이죠.

그런데 수영을 할 수 있는 학생은 21명이라고 했지요? 그러니 여기에서 둘 다 할 수 있는 18명을 빼면, 수영만 할 수 있는 학생은 3명$(20-18=3)$이 됩니다. 마찬가지로 잠수를 할 수 있는 학생 20명에서 둘 다 할 수 있는 18명을 빼면, 잠수만 할 수 있는 학생은 2명$(20-18=2)$입니다.

마지막으로 좀 전에 계산해 놓았던 6명 (수영만 하거나 잠수만 할 수 있는 학생, 그리고 둘 다 못 하는 학생이 포함된 인원수)에서 수영만 할 수 있는 학생 3명과 잠수만 할 수 있는 학생 2명을 빼면, 수영도 못 하고 잠수도 못 하는 학생 수는 한 명$(6-(2+3)=1)$입니다. 다음과 같이 벤다이어그램을 그려 보면 쉽게 이해할 수 있습니다.

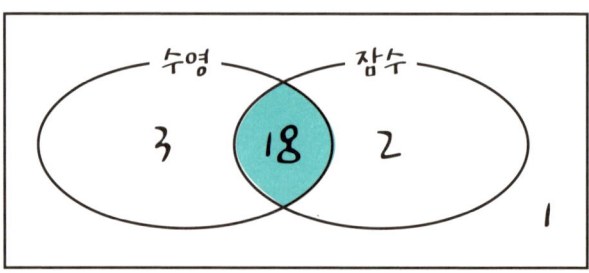

여섯 번째 문제 풀이

'돼지와 정글 캠프'의 주인공들은 똑똑하고 영리합니다. 그들은 램프 안에 물을 채웠어요. 그러자 램프 안에 남아 있던 석유가 물 위로 떠올랐죠. 석유가 물보다 가볍기 때문에 그런 것이죠. 그래서 램프 안에 남아 있는 석유가 심지에 닿을 수 있었고, 램프의 불을 밝힐 수 있었죠.

일곱 번째 문제 풀이

바닷물의 높이가 50센티미터만큼 높아지면 밑에서부터 12, 24, 36, 48센티미터 높이에 있는 발판 네 개가 잠기게 됩니다. 하지만 배는 떠 있으므로 바닷물이 아무리 높아져도 발판이 잠기지 않죠. 따라서 발판은 하나도 잠기지 않습니다.

여덟 번째 문제 풀이

이번에도 제임스가 이깁니다. 볼레가 95미터를 달리는 동안 제임스는 100미터를 달리죠. 왜냐하면 첫 번째 시합에서 제임스가 결승점에 도착했을 때 볼레는 5미터 뒤처져 있었기 때문입니다. 그렇다면 두 번째 시합에서 제임스와 볼레는 결승점을 5미터 앞둔 지점에서 똑같은 위치에 자리하게 됩니다. 제임스가 볼레보다 더 빠르므로, 나머지 5미터를 달리는 동안에 볼레를 앞지르게 되지요. 제임스는 볼레보다 5미터 뒤에서 달리기 시작하지만, 동일한 상황에서는 더 빠른 제임스가 볼레를 이깁니다.

 꿀꿀 삼총사, 정답이 뭐야?

아홉 번째 문제 풀이

이 문제는 수학 문제라기보다는 난센스 퀴즈에 가깝습니다. 트럭은 들어올 때는 대문을 통과했고, 나갈 때는 통과하지 못했습니다. 왜 그런 걸까요? 그 비밀은 트럭의 높이가 높아졌기 때문입니다. 트럭의 타이어는 이삿짐을 실을 때와 그렇지 않을 때의 높이가 다릅니다. 타이어의 높이는 차량의 무게에 따라 늘어나거나 줄어듭니다. 이삿짐을 실을 때는 트럭의 무게가 많이 나가서 타이어의 높이가 낮아집니다. 반대로 이삿짐이 없을 때는 무게가 줄어들어서 타이어의 높이가 높아집니다. 그래서 들어올 때와는 달리 나갈 때에 대문을 통과하지 못한 거랍니다.

열 번째 문제 풀이

선생님이 말해야 할 암호는 '12221131'입니다.

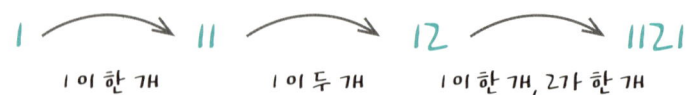

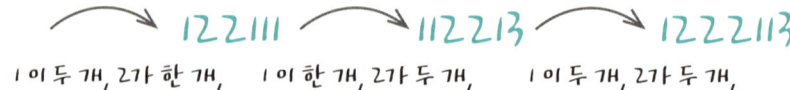

학생들이 말한 암호는 다음과 같은 규칙을 지닌 수열이랍니다. 먼저 말한 숫자와 그 개수를 다음에 말하는 방식이지요.

열한 번째 문제

4리터를 만들어라!

베이컨 선생님은 기죽어서 아무 말도 못 하고 있습니다. 이제 정말 시험을 안 봐도 될까요? 아마도 교장 선생님께 여쭤 봐야겠지요. 하지만 교장 선생님은 지금 손님을 맞이하고 있어요. 마침 학교에 일 년에 한 번씩 오시는 장학관 선생님이 오셨거든요.

베이컨 선생님이 중얼거립니다.

"아마도 교장 선생님이 우리 교실에 오시지 않겠지? 적어도 내가 이 말썽꾸러기들과 신경전을 벌이며 수업하고 있는 동안에……."

"선생님, 우리는 말썽꾸러기들이 아니에요. 앞으로 우리가 내는 문제를 맞히면, 남은 시간 동안에 시험을 볼게요."

하인은 오늘 학교에 장학관 선생님이 왔다는 걸 알고 있어서, 그렇게 말합니다.

"그래, 좋다. 그럼 문제 하나만 내 봐라!"

제임스가 가장 먼저 손을 듭니다.

"제가 먼저 낼게요. 엄마가 꿀꿀이죽을 끓이는데 물이 정확히 4리터만 필요했어요. 그런데 물통은 3리터와 5리터짜리 두 개만 있는 거예요."

"그럼 꿀꿀이죽을 못 끓이시겠구나."

"아니요. 엄마는 3리터와 5리터짜리 물통만으로 4리터를 쟀어요. 어떻게 했을까요?"

이번 문제도 난센스 퀴즈라고 생각해서, 선생님은 자신 있게 말합니다.

"5리터짜리 물통을 잘라서 4리터짜리 물통으로 만드셨지?"

"아니요! 이번 문제는 난센스 퀴즈가 아니에요."

선생님 땀을 뻘뻘 흘리기 시작했어요. 턱 아래로 땀이 뚝뚝 떨어지네요.

"그럼 1리터짜리 물통 하나를 새로 가져와서, 3리터짜리 물통에 있는 물과 합쳐서 4리터로 만든 거니?"

"아니요. 좀 전에 3리터와 5리터짜리 물통만으로 4리터를 쟀다고 했잖아요! 조금만 더 생각해 보세요. 집중하세요, 집중!"

베이컨 선생님은 생각하고 또 생각합니다. 머리가 지끈거릴 정도로 말이죠. 선생님은 두 눈을 질끈 감고는 생각하고 또 생각합니다. 무언가를 깊이 생각할 때마다 선생님은 그렇게 하십니다. 하지만 도무지 좋은 생각이 떠오르지 않습니다.

열두 번째 문제

마지막 남은 동전을 먼저 가져와라!

앞의 문제는 사실 더하기 빼기만 할 줄 알면 풀 수 있는데, 이 문제만 맞히면 시험을 보겠다는 말에 선생님이 서두르신 모양입니다.

갑자기 볼레가 손을 번쩍 들고 말합니다.

"선생님, 저랑 돈내기하실래요?"

"뭐라고! 돈내기를 하겠다고? 그건 절대 안 돼!"

선생님이 고개를 절레절레 흔들며 말합니다.

"나는 원래 돈내기를 싫어해. 게다가 학교에서 돈내기를 하면 안 돼!"

"하지만 이건 수학과 관련된 내기예요."

"그래?"

선생님은 수학과 관련된 내기라면 절대 지지 않을 거라고 생각합니다. 더구나 상대가 하인이나 제임스가 아니라 볼레라면 말이죠. 볼레는 반에서 수학을 꼴찌에서 네 번째로 못 하니까요.

"그래, 볼레! 어디 한번 해 보자!"

"이번에는 마지막 남은 동전을 먼저 가져오는 사람이 이기는 게임이에요. 선생님과 제가 번갈아 가면서 동전을 차례대로 가져오는데, 한 번에 동전을 한 개 또는 두 개를 가져올 수 있어요. 말씀드린 대로 돈내기니까 100원짜리 동전 5개씩을 걸기로 해요."

볼레가 100원짜리 동전 5개를 교탁에 놓으며 말했어요.

"자, 여기에 500원을 놓을게요. 선생님도 500원을 내세요."

선생님은 얼떨결에 100원짜리 동전 5개를 내놓았어요.

"자, 선생님 먼저 시작하세요."

선생님은 이번만큼은 자신 있다고 생각합니다. 상대가 볼레인 데다 자신이 먼저 게임을 시작해서 유리할 것 같거든요.

열세 번째 문제

4년마다 한 번 생일을 맞이한다고?

볼레가 교탁에 놓인 돈을 가져가며 소리칩니다.

"와, 다행이다! 선생님이 처음에 동전을 두 개 가져가서 제가 이겼네요! 여기 있는 돈들은 제가 가질게요!"

베이컨 선생님이 화난 목소리로 말합니다.

"넌 아직 내기 같은 걸 하면 안 되는 나이야! 그러니 내기는 없던 걸로 하자."

"그러는 게 어디 있어요? 제 나이가 몇인데요?"

"글쎄, 너는 몇 살이니?"

"저는 제임스보다 3분 늦게 태어났어요."

"아이고, 그걸 대답이라고 하니? 그럼 제임스는 몇 살이니?"

"저보다 3분 빠르게 태어났어요."

그때 하인이 끼어듭니다.

"선생님, 말장난에 속지 마세요. 볼레가 몇 살인지는 제가 대신 말씀드릴게요. 볼레는 지난 생일에 아홉 살이 되었어요. 그

리고 몇 년 동안 생일이 없다가 올해 다시 생일을 맞았죠. 자, 이제 볼레의 정확한 나이를 아시겠죠?"

선생님이 하인을 노려보며 말합니다.

"말도 안 되는 소리 좀 그만하렴. 아홉 살 생일 다음에는 열 살 생일이 되는 건데, 생일이 몇 년 동안 없다가 올해 다시 생일을 맞는다는 게 말이 되니?"

"정말이에요. 말이 된다고요!"

볼레는 그렇게 말하며 배꼽을 잡고 깔깔댑니다.

그때 제임스가 나섭니다.

"저는 태어나서 지금까지 생일을 3번밖에 치르지 못했는데, 올해 제 나이는 13살이에요!"

베이컨 선생님은 말도 안 되는 제임스의 말에 어처구니없다는 표정을 짓고 한마디도 하지 못합니다. 제임스와 볼레의 생일에는 어떤 비밀이 숨어 있을까요?

열네 번째 문제

누가 거짓말을 하는 걸까?

베이컨 선생님이 제임스와 볼레 형제에게 축하 인사를 건넵니다.

"시간이 지났지만 어쨌든 생일을 축하한다. 이제는 한 살 더 먹었으니 수학 시간에 선생님 말도 잘 들어라."

그때 선생님은 아직 숙제 검사를 하지 않았다는 것을 깨달았어요. 지난 시간에 선생님은 수학 교과서의 121쪽부터 122쪽까지에 있는 곱하기 문제를 풀어 오라는 숙제를 내 주었어요. 그래서 시험을 치기 전에 숙제 검사를 해야겠다고 생각합니다. 선생님은 학생들에게 숙제 공책을 책상 위에 올려놓으라고 말합니다.

그러자 교실 안이 술렁이기 시작합니다. 학생들은 이런저런 핑곗거리를 늘어놓습니다. 이해할 만한 사정이 있는 학생도 있는가 하면, 빤히 보이는 거짓말을 둘러대는 학생도 있습니다. 하인이 말합니다.

"죄송해요, 아버지가 수학 공책을 가지고 계시거든요. 실수로 사무실로 가져갔어요. 회사 서류로 착각해서 가지고 가신 모양이에요."

볼레가 말합니다.

"저는 121쪽에 있는 문제만 풀었어요. 누가 제 책의 122쪽을 찢어 버렸거든요."

안네가 말합니다.

"저는 숙제를 했는데, 우유가 마시다가 공책에 쏟아 버렸어

요. 그래서 공책을 오븐에 말리다가, 그만 불에 타고 말았어요."

제임스가 말합니다.

"제가 기르는 햄스터가 수학 공책을 먹어 치웠어요. 아마도 공책의 초록색 표지가 상추로 보였던 모양이에요."

수잔이 말합니다.

"죄송하지만, 숙제를 할 수 없었어요. 왜냐하면 주말에 부모님이랑 증조할머니의 100번째 생일잔치에 다녀왔거든요. 생일잔치에는 모두 63명의 친척들이 오셨어요. 그 바람에 숙제할 시간이 없어서 못 했어요."

베이컨 선생님이 말했어요.

"음, 다들 그럴 만한 사정이 있었구나. 하지만 나는 속지 않는다. 너희 중 적어도 하나는 거짓말을 하고 있어. 새빨간 거짓말 말이다!"

도대체 누가 거짓말을 하는 걸까요?

정답은 81쪽에 있어요!

열다섯 번째 문제

할머니는 왜 다치지 않았을까?

볼레가 말합니다.

"와, 선생님! 축하합니다. 제가 거짓말한 것을 알아맞히셨어요!"

선생님이 의기양양한 승리의 미소를 지으며 말합니다.

"귀신은 속여도 나는 못 속이지!"

볼레가 그 틈을 놓치지 않고 말합니다.

"선생님은 정말 똑똑하세요. 이보다 더 어려운 문제도 풀 수 있으세요?"

"물론이지! 그래, 문제를 내거라. 아, 어떤 문제인지 정말 기대되는구나."

"자, 상상해 보세요. 어느 날 우리 도시의 전기가 끊어지고 말았어요. 더 이상 아무것도 할 수 없고, 가로등도 작동하지 않습니다. 교통 신호등도 작동하지 않아요. 그런데 횡단보도 한가운데에 머리에 검은 모자를 쓰고, 검은 치마와 검은 신발 등 온통 검은색으로 치장한 할머니가 있는 거예요. 그때 갑자기 자동차가 할머니에게 달려들었어요. 자동차는 전조등도 꺼져 있어서 한 치 앞도 보이지 않았죠."

베이컨 선생님이 긴 한숨을 내쉬며 말했어요.

"휴, 교통사고가 났구나……."

"그런데 말이죠! 할머니는 무사하셨어요. 자동차는 할머니를 피해서 지나갔어요."

"음, 다행이구나."

"선생님, 할머니는 어떻게 사고를 피할 수 있었을까요?"

열여섯 번째 문제

수학 시험지를 찾아라!

베이컨 선생님이 시험지를 돌리며 말합니다.

"이제 시험을 보자구나!"

제임스가 다급히 손을 듭니다.

"선생님, 제가 선생님 손에 들린 시험지들을 보니 수학과 밀접한 관계가 있는 문제가 떠올랐어요."

"그래? 빨리 이야기해 보거라. 이러다가는 시험 시간이 부족하단다. 시험 시간을 더 달라고 하지들 마라."

"네, 절대로 시간을 더 달라고 하지 않을게요. 10장짜리 영어 시험지가 9묶음이 있어요. 그런데 실수로 수학 시험지 한 묶음이 같이 섞여 버렸어요. 수학 시험지는 영어 시험지와 모양과 크기는 같은데, 영어 시험지보다 2장 적은 8장짜리예요. 시험지는 포장이 되어 있어 겉에서는 알 수 없고, 수학 시험지는 영어 시험지보다 무게가 가볍답니다. 양팔 저울만으로 수학 시험지를 찾으려면 최소한 몇 번을 재어 봐야 할까요?"

"그건 간단하구나. 먼저 시험지 8묶음을 양팔 저울에 똑같이 나누어 올려놓는 거지. 만약 평형이라면 나머지 시험지 1묶음이 바로 수학 시험지야. 하지만 이건 운이 좋은 경우이고, 둘 중 어느 한쪽이 위로 올라간다면, 올라간 쪽 저울의 네 묶음 시험지 중에 수학 시험지가 있겠지. 다시 이 4개를 둘씩 나누어서 올라가는 쪽 두 묶음의 시험지를 선택하고, 그것을 다시 재어 본다면 수학 시험지를 찾을 수 있어. 총 세 번이면 찾을 수 있단다."

"그 방법도 좋긴 하지만 전 더 적은 횟수로 찾을 수 있어요."

"아니 그럴 수는 없어!"

"아니요, 그럴 수 있어요."

열일곱 번째 문제

어느 것이 우리 집 스위치일까?

선생님은 혀를 끌끌 차며 아쉬워합니다.

"아무래도 너희가 나를 놀리려고 이상한 문제를 낸 것이구나. 내가 그렇게 만만해 보이니?"

그러자 하인이 나섭니다.

"아니에요! 선생님은 정말 똑똑하세요! 저희는 단지 재미있는 문제들을 푸는 게 좋아서 그런 것뿐이라고요."

"수학 시험을 안 보려고 그러는 건 아니고?"

볼레가 나섭니다.

"아니에요! 좀 전에 낸 문제도 알고 보면 논리적인 문제예요. 선생님이 누누이 말씀하셨잖아요. 논리적으로 생각해야 수학을 잘할 수 있고, 논리적으로 생각하려면 전체 맥락을 살펴야 한다고 하셨잖아요!"

틀린 말은 아닌 것 같아서, 선생님은 입맛을 쩝쩝 다십니다.

하인이 말합니다.

"혹시 '지하실에 내려간 꿀꿀이'라는 문제를 아시나요?"

"모르겠는데……. 이제는 정말 시험을 봐야 할……."

"음, 꿀꿀이 아저씨가 지하실 벽에 달린 전기 스위치 세 개 앞에 서 있었어요. 그중 하나는 꿀꿀이 아저씨 집의 스위치예요. 하지만 스위치는 층별 표시가 안 되어 있고, 층수대로 붙어 있지도 않아서 어느 것이 자기 집 것인지 모르겠어요. 어떻게 하면 꿀꿀이 아저씨가 3층 사이를 한 번만 오가고 이것을 알아낼 수 있을까요?"

"집에 올라가서 아내에게 물어보면 되지."

"그건 안 돼요. 꿀꿀이 아저씨는 결혼하지 않고 혼자 살아요."

열여덟 번째 문제

할아버지는 꿈 때문에 돌아가셨을까?

이번에도 답을 알아맞히지 못하자 선생님은 시계를 봅니다. 시험 시간이 얼마 안 남았네요. 선생님은 급하게 봉투에서 시험지를 꺼내려 합니다. 그때 세 번째 줄에서 훌쩍거리는 소리가 들립니다. 수잔이 울고 있네요.

"무슨 일이니? 시험 보는 게 그렇게 겁나니?"

"아니에요. 아주 슬픈 일이 생겼거든요. 선생님도 우츠 할아버지를 아시죠? 그 할아버지가 지난주에 돌아가셨거든요. 아주 끔찍한 사고로요."

선생님은 호기심이 생겨서 수잔의 이야기를 잠자코 듣습니다.

"할아버지는 돌아가시던 그날, 부엌에서 졸고 계셨대요. 깜박 잠이 들어 꿈을 꾸셨는데, 꿈속에서 무시무시한 강도 두 명을 만난 거예요. 강도 한 명이 할아버지를 묶는 사이에, 다른 강도 한 명이 할아버지를 위협했어요. 너무 놀라고 긴장한 나머지 할

아버지는 잠꼬대를 시작했어요. 그때 식탁에 함께 앉아 계시던 할머니는 할아버지의 잠꼬대 소리가 귀에 거슬렸어요. 그래서 할아버지의 목을 가볍게 몇 번 흔들었어요. 그런데 하필이면 그때가 꿈속에서 강도들이 할아버지를 밧줄로 꽁꽁 묶는 순간이었어요. 할아버지는 그 순간에 너무 놀라서 그만 심장마비로 돌아가셨어요."

선생님이 안타깝다는 표정으로 말합니다.

"아이고, 정말 안 되셨구나. 네가 갑자기 왜 슬퍼했는지 이제야 알겠구나."

그때 하인이 손을 번쩍 듭니다.

"이 이야기는 매우 안타까운 이야기네요. 하지만 실제로 이런 일이 일어날 수는 없죠!"

"뭐라고?"

베이컨 선생님이 눈을 동그랗고 뜨고 궁금해 합니다.

열아홉 번째 문제

지구는 얼마나 무거워질까?

"휴, 다행히 할아버지가 돌아가지 않으셨네요."

볼레가 가슴을 쓸어내리며 말합니다. 베이컨 선생님은 말장난에 속고 말았다는 생각에 얼굴이 붉으락푸르락합니다.

"이런 말도 안 되는 이야기나 꾸며 내다니! 수잔, 좀 부끄러운 줄 알아라!"

하인이 말합니다.

"저는 이제부터 정말 수학적인 문제만 낼 거예요. 그나저나 '수학'은 정말 '재미'라는 말과 어울리지 않나요? 수학은 재미있으니까요."

볼레가 맞장구칩니다.

"맞아요, 아주 잘 어울리는 것 같아요!"

베이컨 선생님이 모처럼 환한 얼굴로 말합니다.

"그래, 아주 좋아. 그럼 나한테 제대로 된 수학 문제를 내 봐라. 수학과 재미가 어울린 문제로 말이다."

"좋습니다. 아주 간단한 계산 문제를 낼게요. 잘 풀어 보세요. 남아프리카의 케이프타운에서 시작해서 북유럽 끝에 위치한 스웨덴의 스톡홀름까지 벽돌로 성벽을 쌓는다고 가정해 보세요. 성벽의 폭은 2미터고, 높이는 3미터예요. 이 성벽의 1세제곱미터, 다시 말해 가로 1미터, 세로 1미터, 높이 1미터의 벽돌의 무게는 500킬로그램입니다. 그렇다면 이 성벽이 완성되면 지구는 얼마나 무거워질까요?"

베이컨 선생님이 환한 미소를 지으며 말합니다.

"오, 이번에야말로 제대된 된 수학 문제를 냈구나. 그런데 이 문제를 풀려면, 케이프타운에서 스톡홀름까지의 거리가 얼마인지 알아야겠네. 케이프타운에서 스톡홀름까지의 거리는 얼마지?"

하인이 말합니다.

"정확히 1만 킬로미터예요. 하지만 정답을 못 맞히시더라도 화를 내시면 안 돼요!"

"걱정 마라. 이번엔 틀리지 않을 거야!"

정답은 84쪽에 있어요!

스무 번째 문제

밧줄의 매듭은 몇 개가 될까?

"계산은 정확히 하셨는데, 정답을 맞히지 못하셨네요."

볼레가 말하자, 학생들이 모두 깔깔댑니다. 베이컨 선생님은 어이없어서 아무 말도 못 합니다.

"아, 말도 안 돼! 이번엔 정말 정답을 맞힌 줄 알았는데, 또 틀리다니!"

사실 이런 일은 우리 주위에서 흔히 일어납니다. 굳이 복잡하게 계산하지 않아도 되는데, 계산을 하고 또 하는 경우가 종종 있거든요.

베이컨 선생님은 얼굴을 잔뜩 찌푸린 채 학생들을 노려봅니다. 한쪽에서 수잔과 안네가 밧줄의 두 끝을 서로 마주 잡고 있네요. 여학생들은 밧줄 놀이를 너무 좋아해서, 수업 시간에도 선생님 몰래 하거든요. 그럴 때마다 선생님은 화를 냅니다.

"안네, 당장 그만둬! 이건 수업과 아무 상관없는 놀이잖아!"

안네가 말합니다.

"하지만 선생님, 잘 보세요. 단순한 놀이가 아니라 수학과 관련된 놀이라고요!"

안네는 자리에서 일어나 밧줄을 앞으로 내밀었어요.

"이 밧줄에는 매듭이 여러 개 있어요."

베이컨 선생님은 안네 앞으로 다가가 밧줄을 뚫어지게 쳐다봅니다.

"그럼 수잔과 제가 양쪽에서 잡아당기면, 밧줄의 매듭은 몇 개가 될 것 같나요?"

베이컨 선생님은 안네 앞으로 다가가 밧줄을 뚫어져라 쳐다봅니다.

"3개? 아니면 4개?"

"다시 한 번 자세히 보세요."

밧줄의 매듭은 과연 몇 개가 될까요?

스물한 번째 문제

몇 시간 만에 우물에서 탈출할까?

"수학 문제가 아니라 말도 안 되는 문제를 냈구나. 너희가 낸 문제를 모두 풀었으니, 이제는 정말 시험을 보자!"

선생님은 봉투에서 시험지를 꺼냅니다. 그러자 하인이 손을 번쩍 들고 외칩니다.

"선생님, 잠깐만요! 아주 슬픈 이야기가 생각났어요. 지난주에 우리 삼촌이 우물에 빠지고 말았어요."

볼레가 맞장구칩니다.

"정말 끔찍한 일이네. 불쌍한 삼촌, 얼마나 무서웠을까……."

"그래! 삼촌은 평소에 우물이 감자를 삶는 냄비처럼 얕을 거라고 생각했지. 그래서 우물 안으로 들어갔어. 삼촌은 우물이 얼마나 깊은지 알아보려고 우물 안으로 들어가 본 거야. 여하튼 우리 삼촌의 호기심은 아무도 못 말린다니까!"

제임스도 거듭니다.

"삶은 감자는 정말 맛있어. 그것을 으깨서 피클과 양파를 넣고 샐러드로 만들어 먹으면 아주 맛있지!"

그러자 선생님이 이번에는 안 속을 거라고 생각하며 말합니다.

"쓸데없는 소리는 이제 그만! 네 삼촌이 우물에 빠진 건 안 된 일이지만 이제는 절대로 넘어가지 않을 거다! 그나저나 네 삼촌이 우물에 빠진 일이 수학이랑 무슨 관계가 있다고 그러는 거니?"

하인이 대답합니다.

"우리 삼촌은 21미터 깊이의 우물에 빠졌어요. 우물에 빠지자마자 삼촌은 암벽 타기를 하듯이 빠져 나오려고 했죠. 그래서 한 시간에 7미터씩 우물 벽을 기어올랐어요. 하지만 한 시간이 지나자 온몸에 힘이 쭉 빠졌죠. 잠시

쉬는 사이에 그만 4미터를 미끄러져 내려가고 말았어요."

"저런, 안타깝구나."

"그런 다음 다시 7미터를 기어올랐고, 피곤해진 삼촌은 한 번 더 쉬었어요. 쉬는 동안 또 미끄러져 4미터를 또다시 내려가고 말았죠. 삼촌은 이것을 몇 번이나 반복했어요. 그렇다면 우리 삼촌은 몇 시간 만에 우물 밖으로 탈출할 수 있었을까요?"

베이컨 선생님은 흐뭇한 표정을 지으며 말합니다.

"이 문제는 좀 수학 문제 같구나. 그렇다면 문제를 풀어 볼까나!"

"그럼요. 수학 문제가 맞아요!"

꿀꿀 삼총사가 수학 시험을 잘도 피하고 있네요. 어느덧 시간이 흘러서 이제 30분만 버티면 수학 시험을 막을 수 있습니다.

 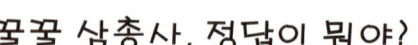

꿀꿀 삼총사, 정답이 뭐야?

열한 번째 문제 풀이

먼저 5리터짜리 물통에 물을 가득 채웁니다. 그것을 3리터짜리 물통에 옮기면 2리터가 남습니다. 그런 다음 3리터짜리 물통에 있는 물을 버리고, 5리터짜리 물통에 남은 물 2리터를 3리터짜리 물통에 붓습니다. 다시 5리터짜리 물통에 물을 가득 담아 3리터짜리 물통에 1리터만 채우면, 5리터짜리 물통에는 4리터만 남게 됩니다. 그러니 정확히 4리터를 잴 수 있는 거죠.

열두 번째 문제 풀이

이 게임은 마지막 남은 동전 1개를 먼저 가져와야 이깁니다. 상대가 마지막 남은 동전 1개를 못 가져가게 하기 위해서는 내가 먼저 3개를 남기면 됩니다. 상대방은 1개 또는 2개만 가져갈 수 있으므로, 내가 마지막 남은 동전을 모두 가져갈 수 있죠.

동전 3개를 먼저 남기기 위해서는 그 전에 6개를 남기면 됩니다. 상대방이 몇 개를 가져가든 내가 다음 차례에 3개를 남길 수 있습니다. 이와 같이 하면 처음에 1개를 가지고 간 후, 9개, 6개, 3개를 차례로 만들어 가면 반드시 이길 수 있답니다.

동전의 개수가 이보다 많은 경우에도 3개씩 묶어 세서 남는 개수를 구하면 반드시 이길 수 있죠. 만약 동전을 가져가는 개수를 1, 2개에서 1, 2, 3개로 바꾸면 4개씩 묶어 세면 됩니다. 이런 놀이를 '님(Nim) 게임'이라고 부릅니다. '님(Nim)'은 '가져가다'라는 뜻의 독일어에서 온 말로 수학적 전략을 이용하면 꼭 이길 수 있는 게임입니다.

열세 번째 문제 풀이

제임스와 볼레가 태어난 날이 언제인지 눈치 챘나요? 2월 29일에 태어나면

4년마다 한 번씩 생일을 맞이합니다. 제임스와 볼레는 2월 29일에 태어나서 4년에 한 번씩 생일을 맞이하는 겁니다.

열네 번째 문제 풀이

거짓말은 파스칼이 했습니다. 수학 교과서의 121쪽은 남겨둔 책 122쪽을 찢을 수는 없기 때문이죠. 121쪽과 122쪽은 같은 장의 앞뒤 면을 이루고 있으니까요. 거의 모든 책은 왼쪽에는 짝수로, 오른쪽에는 홀수로 쪽수가 있지요.

열다섯 번째 문제 풀이

이 문제는 이야기의 전체를 생각하지 않고 일부만 크게 생각하면 정답을 맞힐 수 없습니다. 이 이야기에서 볼레는 '도시의 전기가 끊어져서 가로등과 교통 신호등이 작동하지 않는다고 했고, 이런 상황에서 온통 검은색으로 치장한 할머니가 횡단보도를 건너고 있다'고 강조했습니다. 게다가 '할머니를 향해 달려오는 자동차의 전조등이 꺼져 있다'고 말하니, 베이컨 선생님은 이 일이 밤에 벌어지고 있다고 생각하는 것이죠.

하지만 이 일은 밤이 아니라 낮에 벌어진 것입니다. 낮에 전기가 끊어지면 세상이 어둡지는 않지요. 그러니 할머니가 무사할 수 있었던 겁니다.

열여섯 번째 문제 풀이

단 두 번 만에 찾을 방법이 있답니다.

시험지 묶음을 세 묶음으로 나누면

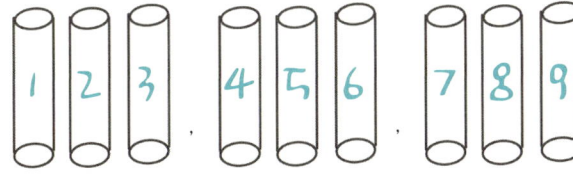 와 같이 됩니다.

 꿀꿀 삼총사, 정답이 뭐야?

첫 번째 묶음과 두 번째 묶음을 양팔 저울에 달면, 다음과 같은 세 가지 경우가 나옵니다.

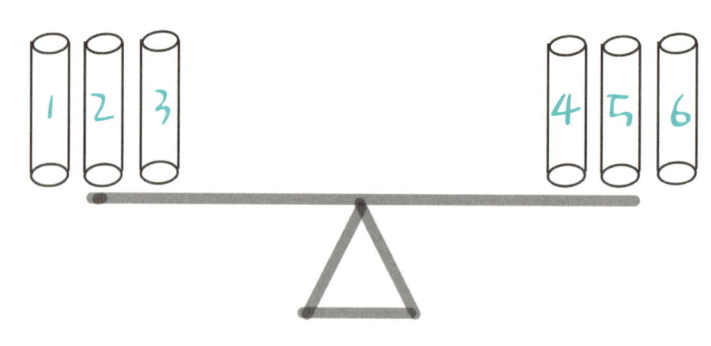

: 수학 시험지는 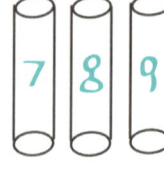 묶음에 있습니다.

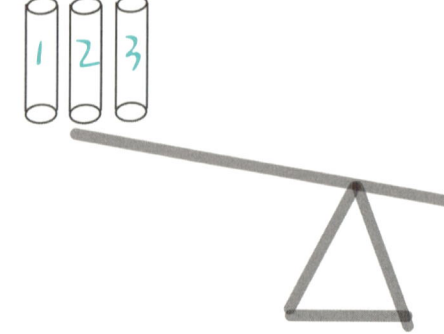

: 수학 시험지는  묶음에 있습니다

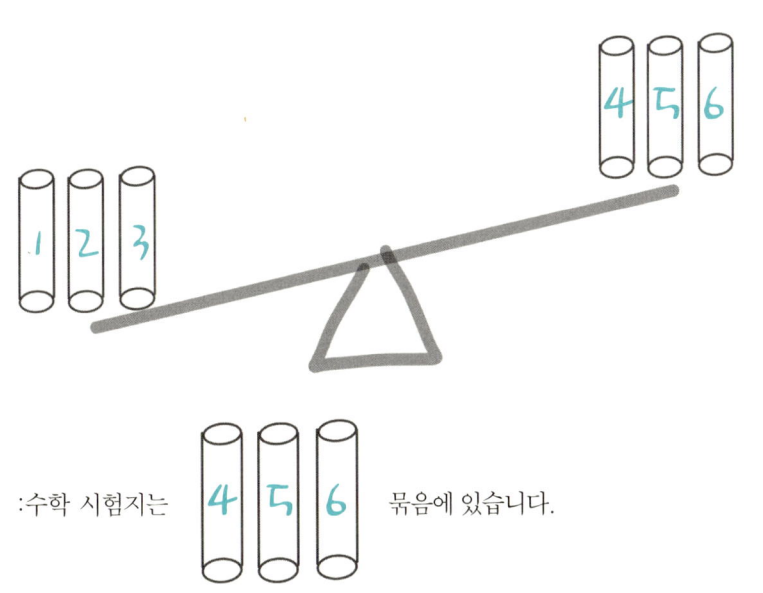

: 수학 시험지는 456 묶음에 있습니다.

이 방법을 이용하면 가벼운 수학 시험지가 들어 있는 묶음을 찾을 수 있고, 찾은 묶음을 다시 3묶음으로 나누어 두 묶음을 양팔저울에 올리면 가벼운 수학 시험지를 찾을 수 있어요. 그러면 수학 시험지를 2번 만에 찾을 수 있지요.

열일곱 번째 문제 풀이

꿀꿀이 아저씨는 먼저 첫 번째 스위치를 올리고, 몇 분 정도 기다렸다가 다시 그 스위치를 내려야 합니다. 그런 다음 두 번째 스위치를 켜고 곧바로 3층으로 올라가는 거예요. 만약 집 안에 불이 들어온다면, 두 번째 스위치가 바로 꿀꿀이 아저씨네 집 스위치입니다.

하지만 불이 켜지지 않는다면, 첫 번째나 세 번째 스위치가 자기네 집 스위치인 것입니다. 아쉽게도 불이 켜지지 않아서 다시 지하실로 내려가야 한다면, 내려가기 전에 전등을 만져 봐야 합니다. 만일 전등에 온기가 남아 있다면, 첫 번

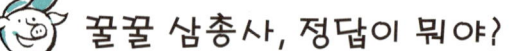# 꿀꿀 삼총사, 정답이 뭐야?

째 스위치를 올리고 몇 분 동안 기다리는 사이에 불이 들어와서 전등이 따뜻하게 달궈져 있었던 게 분명하죠. 만일 그렇지 않고 전등이 차갑다면, 세 번째 스위치가 바로 꿀꿀이 아저씨네 집 스위치랍니다. 어때요? 논리적으로 생각하니 문제를 풀 수 있죠?

열여덟 번째 문제 풀이

이 사건은 실제로 일어날 수 없습니다. 수잔의 말처럼 할아버지가 꿈을 꾸다가 돌아가셨다면, 할아버지는 할머니에게 무슨 꿈을 꾸고 있는지 말해 줄 수 없을 거예요. 따라서 수잔도 할아버지가 돌아가시기 전에 무슨 꿈을 꾸었는지 알 수 없을 겁니다.

열아홉 번째 문제 풀이

이 성벽은 폭이 2미터, 높이가 3미터에, 총 길이가 1만 킬로미터입니다. 이 성벽의 1세제곱미터의 무게가 500킬로그램이므로, 전체 무게는 3천만 킬로미터에 달합니다. (2미터×3미터×1만 킬로미터=6만 세제곱미터이니까, 6만 세제곱미터×500킬로그램=3천만 킬로그램)

하지만 문제는 그것을 알아내는 게 아닙니다. 하인이 낸 문제는 케이프타운에서 스톡홀름까지 이어지는 성벽으로 인해 지구가 얼마나 무거워질까를 묻는 것이죠. 정답은 '단 1그램도 무거워지지 않는다'입니다. 성벽을 쌓는 데 들어간 벽돌은 지구상에 존재하는 흙으로 만든 것이기 때문이죠.

스무 번째 문제 풀이

밧줄의 매듭이 아무리 많이 있더라도 양쪽 끝에서 잡아당기면 매듭은 하나로 엉키게 됩니다. 따라서 매듭은 하나가 됩니다.

스물한 번째 문제 풀이

한 시간 동안 올라간 거리는 7미터, 쉬는 동안 미끄러져 내려간 거리는 4미터입니다. 7미터에서 4미터를 빼면 3미터입니다. 삼촌은 한 시간 동안 3미터 올라간 셈입니다.

우물의 깊이는 21미터이니, 빠져나오는 데 일곱 시간이 걸릴까요? 아닙니다. 다섯 시간 뒤에는 15미터를 올라가지만 여섯 시간 뒤에는 7미터가 아니라 나머지 6미터만 올라가면 되므로 우물을 빠져나올 수 있지요. 그러니 삼촌은 여섯 시간째에 우물에서 탈출할 수 있습니다.

시간	0	1	2	3	4	5	6
올라갔을 때(m)	0	7	10	13	16	19	22
미끄러졌을 때(m)	0	3	6	9	12	15	18

4장

삼총사와 선생님의 두뇌 싸움

스물두 번째 문제

며칠이나 경기해야 할까?

"애들아, 어떠니? 선생님이 얼마나 수학을 잘하는지 이제 알겠니?"

베이컨 선생님이 잔뜩 들떠 큰 소리로 말합니다. 이번에는 선생님이 아주 멋지게 문제를 해결했기 때문입니다.

"수학이란 학문은 이렇게 실제 생활에 도움이 된단다. 그런데 지금 우리가 하고 있는 이 수업 방식은 그러니까, 뭐랄까…… 현대적인……."

베이컨 선생님이 우물쭈물 말을 잇지 못하자 제임스가 나섭니다.

"실용 수학이요! 실용 수학 수업 방식은 일상생활에서 수학이 얼마나 쓸모 있는지 깨닫게 하죠."

베이컨 선생님이 고개를 끄덕이며 말합니다.

"그래, 정말 학생들에게 필요한 방식임에 틀림없구나. 혹시 다른 예를 하나 더 들어볼 수 있겠니?"

베이컨 선생님이 들떠 있다는 것을 눈치 챈 제임스가 말합니다.

"스포츠 경기에서도 실용 수학을 이용하죠! 월드컵 경기 주최 측에서 나라별 경기 일정을 짜기 위해 고민하고 있어요. 실제로 참가하는 나라 수가 너무 많아서, 간단하게 나라 수를 4개 나라가 참가한다고 할게요. 하루에 경기가 한 번씩 있다고 할 때, 대회 일정은 며칠로 계획해야 할까요? 한 번 지면 떨어지는 경기 방식으로요."

"그야, 당연히 3일이지. 준결승 두 번에 결승 한 번."

"그럼, 8개 나라가 참가하면 총 며칠이나 경기를 해야 할까요?"

"그것 역시 생각해 볼 필요 없이 준준결승 네 번, 준결승 두 번, 결승 한 번이니까 총 7일이면 되지."

"선생님은 너무 똑똑하신 것 같아요."

제임스의 말에 선생님은 우쭐한 기분이 듭니다.

"그럼, 150개 나라가 참가한다면요?"

제임스의 질문에 선생님은 열심히 대진표를 그립니다.

<토너먼트와 리그>

제임스가 이야기하는 경기 방식은 '토너먼트'로 경기를 진행할 때마다 진 편은 빼고 이긴 편끼리 경기하여 마지막에 남은 두 팀으로 우승자를 가려요. '승자 진출전'이라고도 해요.

'리그'는 보통 야구나 농구, 축구에서 쓰는 경기 방식으로 경기에 참가한 모든 팀이 서로 한 번 이상 겨루어 가장 많이 이긴 팀이 우승을 해요. 월드컵 경기는 토너먼트와 리그를 적절하게 섞은 대회 방식이랍니다.

스물세 번째 문제

쉬는 시간을 주세요

베이컨 선생님이 목덜미를 부여잡고 있는 동안, 제임스가 질문을 던집니다.

"선생님, 저희가 선생님 말씀도 잘 듣고, 공부를 열심히 했으면 좋겠죠?"

"물론이지!"

"선생님, 저희가 지금부터 열심히 공부를 할게요."

"오, 듣던 중 반가운 이야기구나!"

"저희는 정말 열심히 공부할게요. 대신 앞으로 쉬는 시간을 좀 주시면 안 될까요?"

"공부를 열심히 한다면야 당연히 그래야지!"

"그럼 쉬는 시간을 이렇게 주세요. 첫날은 쉬는 시간 1초, 둘째 날은 2초, 셋째 날은 4초, 넷째 날은 8초…… 이런 식으로 쉬는 시간을 주세요. 그러면 저희가 정말 열심히 공부할게요."

선생님은 이 말을 듣고 꾀가 많은 제임스가 뭔가를 꾸몄다는 것을 직감합니다. 하지만 아주 잠깐 '이런 조건이라면, 쉬는 시간 없이 정말 열심히 공부를 하는 셈인데'라는 생각이 듭니다.

제임스가 묻습니다.

"정말 이렇게 쉬는 시간을 주실 수 있겠죠?"

"그래, 열심히 공부를 하겠다는데 그 정도 쉬는 시간쯤이야!"

이 조건으로 쉬는 시간을 줘도 정말 괜찮을까요?

정답은 116쪽에 있어요!

스물네 번째 문제

물웅덩이를 어떻게 건넜을까?

베이컨 선생님이 시계를 보면서 얼굴을 찌푸립니다. 벌써 시험 시간이 반이나 지났다는 것을 눈치 챈 겁니다. 지금 이 순간에도 교장 선생님과 장학관 선생님이 학교 어딘가에 있을 텐데 큰일 났습니다. 만약 지금 이 모습을 보기라도 한다면? 생각만 해도 끔찍한 선생님은 시험지를 돌리려 합니다. 그런데 이번에는 제임스가 손을 듭니다.

"저도 문제를 낼게요. 이번 문제도 정말로 수학적인 거예요."

또 시작이구나 싶어서, 선생님은 귀찮다는 듯이 말합니다.

"제임스, 빨리 이야기해 보거라. 이러다가 정말로 시험을 못 볼 수 있겠구나. 대신 나중에 시험을 보면서 시간이 부족하다고 투덜대지들 말아라."

학생들이 입을 모아 대답합니다.

"네, 절대로 안 그럴게요."

제임스가 말을 이어 갑니다.

"중세 시대에 베이컨 백작의 성에서 전투가 벌어졌습니다."

그러자 베이컨 선생님이 말합니다.

"베이컨 백작님이면 훌륭하신 우리 조상님이신데, 우리 할아버지의 할아버지의 할아버지였던가. 이번 문제는 수학이 아니라 역사 문제 아니니?"

"아니에요. 수학 문제예요. 베이컨 백작은 기사들과 병사들을 이끌고 적군의 성을 공격했죠. 그런데 성 주위에는 온통 물웅

덩이가 있는 거예요. 물웅덩이의 폭은 2미터, 깊이는 4미터였어요. 이 물웅덩이를 건너야 성을 공격할 수 있는데, 큰일이었어요. 그때였어요. 기사들이 주위에서 여러 장의 판자를 발견했어요. 하지만 그것들은 모두 물웅덩이의 폭보다 10센티미터는 짧았답니다."

"그럼, 베이컨 백작님은 성을 빼앗지 못한 거니?"

"아니요! 물웅덩이를 무사히 건너서 성을 빼앗았죠!"

"아니, 어떻게 말이냐?"

스물다섯 번째 문제

뒤바뀐 과자 상자를 찾아라

베이컨 선생님은 분해서 견딜 수가 없습니다. 이번 문제는 물웅덩이의 모양만 잘 살폈어도 충분히 맞힐 수 있었거든요. 그는 지금 이 상황에서 벗어나기 위해 머릿속으로 즐거운 일을 떠올립니다.

'그래! 이 지긋지긋한 시간에서 벗어나면, 제과점으로 달려가 맛있는 타르트 두 조각을 주문하는 거야! 그것도 아주 맛있는 땅콩 타르트 두 조각을 말이야.'

사실 오늘처럼 힘든 적은 없었습니다. 사람들은 선생님이 휴일과 방과 후에 항상 편하고 여유 있게 생활할 거라고 생각하지요. 네, 옳은 생각입니다. 하인, 볼레, 제임스와 같은 학생들만 없다면 말이죠. 이 셋은 골칫덩어리입니다.

보세요. 제임스가 또 손을 번쩍 듭니다. 선생님이 더듬거리며 말합니다.

"왜? 또 할 말이 있니? 수업과 관련되거나 꼭 필요한 말만 해야 한다. 이제는 정말이지 시간이 없어. 서둘러야 한다고!"

제임스가 대답합니다.

"물론 수업과 관련된 거예요. 우리는 선생님께 수학과 관련된 논리적인 사고를 배우고 있잖아요."

"그건 그렇지."

선생님이 고개를 끄덕이자 제임스가 계속 말합니다.

"우리 부모님이 또다시 다이어트를 시작하셨어요. 그래서 식단이 바뀌어서 저랑 볼레도 어쩔 수 없이 다이어트를 하게 되었죠. 부모님은 우리가 좋아하는 과자를 안 보이는 곳에 숨긴 것도 모자라서, 과자 상자를 서로 뒤바꿔 놓았어요. 세 개의 과자 상자 가운데 하나에는 초콜릿 과자만 있고, 다른 하나에는 바닐라 과자만 있습니다. 또 다른 상자에는 초콜릿과 바닐라 과자가 섞여 있어요. 과자 상자의 겉에는 각각 '초콜릿', '바닐라' 그리고 '초콜릿과 바닐라'라는 상표가 붙어 있어요. 하지만 이 상표와 상자 안에 든 과자는 전혀 맞지 않아요. 상표대로 과자가 들어 있는 상자는 하나도 없는 셈이죠."

선생님이 얼굴을 찌푸리며 말합니다.

"그런데 굳이 이 이야기를 왜 하는 거니? 수업하고 관련 없는 것 같구나."

"이것도 선생님이 강조하시는 논리 훈련이에요. 우리가 좋아하는 과자들을 이렇게 서로 바꿔 놓은 다음에, 부모님은 우리에게 조건을 하나 내걸었어요. 세 개의 상자 가운데 하나에서 과자 하나만을 꺼내 먹을 수 있다고 말이죠. 물론 과자를 꺼낼 때 상자 안을 들여다봐서는 안 됩니다. 하지만 상자 안을 보지 않고서도 어떤 과자가 들어 있는지 알아맞힌다면, 우리가 원하는 만큼 과자를 먹을 수 있죠."

"음, 이번 문제는 정말 수학적인 문제 같구나."

선생님이 고개를 끄덕이며 말합니다. 하지만 선생님의 마음은 이미 다른 곳에 가 있습니다. 타르트를 파는 제과점 말이죠.

스물여섯 번째 문제

주사위의 비밀

제임스는 얼굴 가득 미소를 짓고 있습니다. 베이컨 선생님이 제임스의 부모님은 훌륭한 수학자라며 칭찬해 주었기 때문이죠. 선생님은 부모님이 학교에서 수학을 가르쳐도 될 것 같다고 말씀하셨죠. 사실 제임스의 아빠는 유명한 주사위 선수입니다.

"주사위 선수라고? 그건 직업이라고 하기엔 좀 그런 것 같은데……."

베이컨 선생님이 코를 벌름거리며 말합니다. 그러자 아빠를 누구보다 존경하는 제임스가 말합니다.

"우리 아빠는 이미 여러 국제 대회에서 우승했어요. 상금으로 받은 돈이 교장 선생님 월급보다 많다고요!"

"그렇구나!"

선생님이 부럽다고 생각하며 대답합니다. 사실 교장 선생님은 베이컨 선생님보다 월급을 두 배나 더 받거든요.

"하지만 주사위 게임이랑 수학은 그다지 상관없을 것 같구나.

주사위 게임은 순전히 운이 따라야 하는 게임이니까."

"과연 그럴까요? 아빠는 저한테 주사위 게임을 가르쳐 주셨는데, 운하고는 아무 상관이 없어요. 주사위 게임은 수학적인 원리를 이용해야 하죠."

"예를 들면?"

"좋아요! 제가 한 가지 예를 들어 볼게요."

제임스는 주머니에서 주사위 다섯 개를 꺼내더니, 책상 위에

쌓아 올리며 말합니다.

"이 주사위들의 보이지 않는 면에 있는 점을 합하면 모두 얼마일까요? 저는 그것을 빨리 계산해 낼 수 있다고요!"

"이 문제는 어렵지 않구나."

선생님은 주사위를 흥미롭게 바라보며 말합니다.

"주사위 하나에 있는 점의 합은 21이지. 그런데 여기 쌓여 있는 주사위는 모두 다섯 개이니, 그 합은 105이지. 먼저 눈에 보이는 주사위의 면에 있는 점들을 모두 세어 보자. 그런 다음 105에서 그 수만큼 빼면, 다섯 개의 주사위 가운데 보이지 않는 면에 있는 점의 합이 얼마인지 알 수 있겠구나."

"하지만 저는 보이는 면에 있는 주사위의 점들을 일일이 세어 보지 않고도, 보이지 않는 면에 있는 점의 합이 얼마인지 금방 알아맞힐 수 있죠!"

책상 위에 놓은 주사위의 가장 꼭대기 면에는 3이 보입니다. 그리고 다섯 개 주사위의 30개 면 가운데 눈에 보이지 않는 면은 아홉 개입니다. 제임스는 어떻게 보이지 않는 면에 있는 점의 합을 금방 알아맞힐 수 있을까요?

스물일곱 번째 문제

1,000원은 어디로 사라졌을까?

베이컨 선생님은 주사위 게임은 운이 아니라 수학적 원리를 이용해야 한다는 사실을 깨달았습니다. 선생님이 고개를 끄덕거리자 이번에는 볼레가 나섭니다.

"그나저나 선생님이 해결해 주셔야 할 문제가 있어요. 저랑 제임스, 하인이 어제 피자 가게에 갔어요. 그 가게에서 30,000원짜리 피자 한 판을 시켜 먹었죠. 다른 피자도 먹고 싶은데, 피자가 너무 비싼 거예요. 어쨌든 우리는 피자를 먹고, 각자 10,000원씩 걷어서 계산하려고 했어요."

베이컨 선생님이 말합니다.

"그런데?"

"우리가 계산을 하려고 하는데, 가게 점원이 오늘 할인 행사를 하니까 피자 값을 25,000원만 내면 된다고 했어요. 그러면서 5,000원을 거슬러 주려고 했죠. 그래서 우리는 5,000원을 우리 셋에게 똑같이 나누어 달라고 했어요. 그러자 점원이 '5,000원을 어떻게 셋에게 똑같이 나누어 주지? 차라리 2,000원은 팁이라 생각하고 나한테 줘라. 너희한테는 각자 1,000원씩만 줄게'라고 말했죠."

"그래서?"

"그래서 우리는 결국 1,000원씩만 돌려받았죠. 그러니 각자 9,000원씩을 내고 피자를 먹은 셈이에요. 그러면 모두 합해 27,000원을 계산한 거죠. 그리고 점원이 2,000원을 가져갔으니, 27,000원 더하기 2,000원이면 29,000원이네요. 아니, 우리는 분명 30,000원을 냈는데, 나머지 1,000원은 어디로 사라진 걸까요?"

스물여덟 번째 문제

단 하나의 진실을 찾아라

베이컨 선생님은 여전히 이 문제를 이해하지 못합니다. 그래서 1,000원이 어디로 사라졌는지 계속 고민합니다. 선생님이 고개를 갸웃거리며 말합니다.

"아무래도 피자 가게에서 1,000원을 잃어버린 게 분명해!"

그러자 하인이 나서서 이 문제에 대해 차근차근 설명해 줍니다. 그제야 선생님은 고개를 끄덕이며 말합니다.

"역시 수학을 알아야 일상생활이 편해."

어느덧 시험 시간이 30분이나 흘렀습니다. 선생님은 이제라도 수학 시험을 봐야겠다고 생각해서 서두릅니다. 그러자 볼레가 또 나섭니다.

"선생님, 우리 마을 뒤에 숲이 하나 있잖아요. 그 숲에 있는 작은 마을을 아시나요? 그 마을에는 이상한 사람들이 살고 있거든요."

선생님이 봉투 속에서 시험지를 꺼내면서 말합니다.

"또다시 이상한 질문을 해서 수학 시험을 안 보려는 거니? 내 말이 맞지?"

"아니에요. 그 마을에는 거짓말만 하는 거짓말쟁이들 사는데, 오직 한 사람만 거짓말을 하지 않거든요."

이때 수잔이 묻습니다.

"그게 무슨 말이야? 단 한 사람만 거짓말을 하지 않는다고?"

"그래."

"그 마을 사람들은 항상 거짓말을 하는데, 오직 한 사람만 진실을 말하지. 내가 어제 그 마을에 갔는데, 그만 길을 잃고 말았어. 나는 갈림길에 도착했는데, 두 길 중 하나가 맞는 길인데, 어느 길로 가야 할지 몰랐어. 그때 농부 네 명을 만나서 길을 물었는데, 그중에서 어느 농부가 진실을 이야기하는지 몰랐어. 그래서 우선 첫 번째 농부에게 길을 물었지."

이 말을 듣고 있던 선생님이 말합니다.

"이 문제는 내가 좋아하는 논리적인 문제 같구나. 그래, 첫 번째 농부가 뭐라고 대답했니?"

"첫 번째 농부는 세 번째 농부가 길을 안다고 했어요. 그런데 두 번째 농부는 첫 번째 농부가 길을 안다고 했어요."

"그럼, 둘 중 하나가 거짓말을 하는 거구나."

"글쎄요. 세 번째 농부는 두 번째 농부가 거짓말을 말한다고 했어요. 그리고 네 번째 농부는 자기는 길을 모른다고 했어요. 네 명의 농부 중에서 누구 말을 들어야 할까요?"

스물아홉 번째 문제

가짜 동전이 든 자루를 찾아라

이번에도 정답을 못 맞히자 베이컨 선생님은 화제를 돌립니다.

"이제 문제는 그만 내고, 너희 중 누가 앞으로 나와서 시험지를 나눠 주거라."

하지만 어느 누구도 앞으로 나오지 않습니다. 하인은 창밖의 하늘만 멀뚱멀뚱 쳐다보고, 볼레는 콧구멍을 후비느라 정신이 없으며, 제임스는 주머니를 만지작거리며 딴청을 부립니다.

"그럼 수잔이 나와서 시험지를 나눠 주어라."

수잔이 핑계를 댑니다.

"연약한 제가 무거운 시험지를 어떻게 들겠어요."

"시험지를 나눠 주는 게 뭐가 힘드니?"

베이컨 선생님은 어이가 없어서 되묻습니다.

"그럼 시험지의 무게를 한 번 달아 볼까요?"

볼레가 장난기가 섞인 목소리로 제안합니다. 그러고는 선생님에게 말합니다.

"무게 이야기가 나와서 말인데, 아주 재미있는 문제가 생각났어요. 동전이 가득 들어 있는 자루가 다섯 개 있어요. 그중 네 개의 자루에는 무게가 하나당 10그램인 진짜 동전들이 들어 있어요. 나머지 한 자루에는 가짜 동전이 가득 들어 있죠. 그런데 가

짜 동전은 진짜 동전보다 정확히 1그램 가벼워요. 그렇다면 저울을 이용해 어느 자루에 가짜 동전이 있는지 알아내려면 어떻게 해야 할까요?"

"그야 간단하지. 다섯 개의 자루를 차례로 달아보면 되잖아."

베이컨 선생님이 자신 있게 대답합니다.

"물론 그렇게 해도 되지만, 단 한 번만 무게를 재서 알아낼 수도 있죠."

"뭐라고? 단 한 번만 무게를 재서 알아낸다고? 흥, 그건 불가능해!"

선생님이 못 믿겠다는 듯 콧방귀를 뀝니다.

"하하, 불가능은 없어요!"

볼레가 실실 웃으며 말합니다.

"적어도 수학을 알고 있거나 배우려는 학생에게는 가능한 일이죠."

"그래? 그럼 어디 한 번 생각해 보자."

베이컨 선생님이 마지못해 대답합니다. 하지만 얼마 지나지 않아 선생님은 투덜대기 시작합니다.

"단 한 번만 무게를 재서 그걸 알아낼 수 있다고? 말도 안 돼!

그건 불가능하다고!"

어떻게 하면 단 한 번만 무게를 재서 가짜 동전이 든 자루를 찾을 수 있을까요?

정답은 120쪽에 있어요!

서른 번째 문제

자전거 경주와 새 한 마리

선생님이 목덜미를 부여잡고 있자 볼레가 느닷없이 질문을 합니다.

"선생님, 혹시 자전거 타세요? 자전거와 관련된 재미있는 문제가 하나 있거든요……."

"또 시간을 끌려고 그러는 거지?"

"아니에요. 제 이름을 걸고 맹세하는데 절대 아니에요. 갑자기 수학과 관련된 문제가 떠오른 것뿐이에요."

"그럼 어디 한 번 들어나 보자."

"60킬로미터만큼 떨어져 있는 두 선수가 서로를 향해 시속 10킬로미터의 속도로 동시에 자전거를 타고 달리기 시작했어요. 두 선수가 출발할 때, 마침 한쪽 선수와 같은 지점에 있던 새 한 마리가 동시에 시속 25킬로미터로 다른 쪽에서 달려오는 선수에게 날아가기 시작했어요. 그러고는 그 선수를 만나자, 또 방향을 바꿔 다른 쪽 선수를 향해 날아갔어요. 그 새는 그렇게 두

선수 사이를 왔다 갔다 날아다녔어요. 두 선수가 마침내 길 한가운데서 만날 때까지 말이죠. 두 선수가 서로 만나기까지 그 새가 날아다닌 총 거리는 얼마일까요?"

이번 문제는 진짜 수학 문제라고 생각한 선생님은 말합니다.

"음, 듣고 보니 상당히 복잡한 계산을 해야 하는 수학 문제 같구나."

볼레가 실실 웃으며 대답합니다.

"잘만 생각하면 그렇게 복잡한 문제는 아니에요. 선생님이 생각하는 수학보다 조금만 더 수학적으로 생각할 수 있다면 말이죠."

서른한 번째 문제

11분 뒤에 폭파 스위치를 눌러라

베이컨 선생님은 이번 문제를 무사히 풀었습니다. 이번 문제는 아무런 속임수도 없는, 그야말로 진짜 수학 문제였기 때문이죠.

하지만 선생님은 답을 얻기 위해 꽤 고생했답니다. '미분'이라고 불리는 고등 수학까지 이용하느라 복잡한 계산 과정을 거쳐야 했지요. 한쪽 방향으로 날아가던 새가 맞은편에서 달려오는 선수와 만날 때까지 날아간 거리를 일일이 구간별로 나누어 계산하는 식을 여러 개 세우고는, 계산기의 도움을 받으며 머리를 싸매고 끙끙대야 했어요. 어른들은 복잡하고 번거로운 것을 좋아하는 것 같은데, 정말 안타까울 따름입니다.

문제를 푸느라 선생님은 거의 녹초가 되었답니다. 하지만 아직 안심할 수는 없습니다. 아직도 시험 시간이 끝나려면 10분이나 더 버텨야 하기 때문입니다.

이번에는 제임스가 나섭니다.

"선생님, 이번 문제를 푸느라 힘드셨죠? 제가 머리 좀 식히시라고 아주 쉬운 문제를 하나 내드릴게요."

"내 머리를 식혀 준다고? 쉬운 문제를 낼 거라고? 걱정하지 말거라. 집에 가서 따뜻한 욕조에 좀 누우면 금세 괜찮을 거야. 너희 때문에 속만 끓이지 않았다면, 지금 당장이라도 하늘을 날아갈 것 같은 기분이 들 텐데 말이다."

"이번 문제는 우리 삼촌과 관련된 문제예요. 잘 들어보세요. 따뜻한 욕조에 누운 것처럼 좋은 문제니까요."

선생님이 관심을 보이기 시작하자 문제를 냅니다.

"삼촌은 폭파 전문가인데요. 아주 위험한 일을 하고 있대요. 어느 날 삼촌은 작업이 시작되고 정확히 11분 뒤에 폭파 스위치를 눌러야 하는 일을 하게 되었어요. 그런데 그날따라 시계를 갖고 있지 않았대요. 마침 삼촌에게는 7분짜리 모래시계와 5분짜

리 모래시계 두 개가 있었죠. 다행히 모래시계 두 개로 정확히 11분 만에 폭파 스위치를 누를 수 있었대요. 과연 어떻게 했을까요?"

"휴, 이야기만 들어도 폭약 냄새가 나는 것 같구나. 긴장하면서 들었더니 소름이 끼치는구나."

선생님은 이야기를 들으며 '꽝' 터지는 폭발음을 상상했나 봅니다. 그나저나 삼촌은 어떻게 정확한 시간을 알아맞힌 걸까요?

이제 꿀꿀 삼총사와 반 친구들이 그토록 싫어하는 시험 시간이 10분밖에 안 남았어요. 그래도 아직은 방심하면 안 되겠죠. 수학 시험을 끝까지 막아 보자고요!

정답은 121쪽에 있어요!

 꿀꿀 삼총사, 정답이 뭐야?

스물두 번째 문제 풀이

경기를 하는 나라가 너무 많아서 대진표를 그려 보기도 힘들지요? 그런데 이 문제는 아주 쉽게 풀 수 있어요. 한 경기가 있을 때마다 한 나라는 반드시 지게 됩니다. 그러면 150나라 가운데 우승자를 결정하기 위해서는 149나라가 져야 하는데, 그러려면 149경기를 치러야 하지요. 경기는 하루에 한 번씩만 하므로 답은 149일입니다.

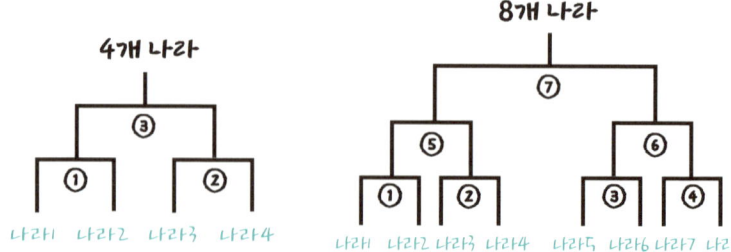

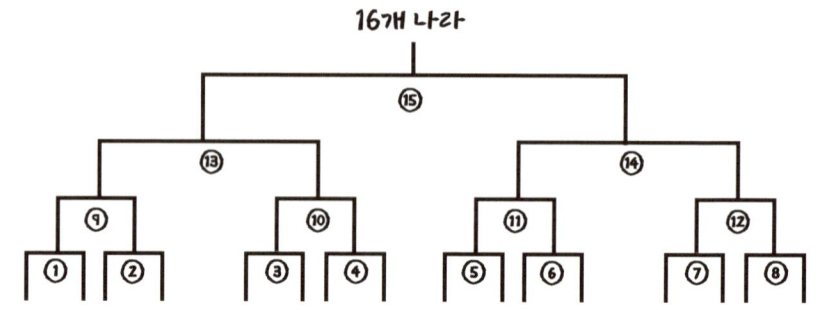

스물세 번째 문제 풀이

이런, 이런, 베이컨 선생님! 1초라는 시간이 매우 짧은 시간 같아서 다른 생각을 못 하신 거로군요. 제임스의 계산법을 곰곰이 생각해 보세요 날마다 두 배씩 쉬는 시간이 늘어나면 이렇게 됩니다.

1일 1초

2일 2초

3일 4초

4일 8초

5일 16초

6일 32초

7일 64초 (약 1분)

8일 128초 (약 2분)

9일 4분 16초

10일 8분 32초

11일 17분 4초

12일 34분 8초

13일 68분 16초 (1시간 8분 16초)

13일째부터 수업 시간보다 더 많은 쉬는 시간을 줘야 한다고요.

스물네 번째 문제 풀이

물웅덩이의 폭은 2미터이고, 판자의 길이는 그보다 10센티미터 짧습니다. 그러니 물웅덩이의 폭에 판자를 놓으면, 길이가 10센티미터 부족하므로 건널 수 없습니다. 하지만 판자를 겹쳐 놓으면 이 문제를 해결할 수 있지요. 물웅덩이의 모양이 직각인 점을 이용해, 그림과 같이 판자 하

꿀꿀 삼총사, 정답이 뭐야?

나를 물웅덩이의 직각 모서리 부분에 놓고, 그 판자 위에 다른 판자를 겹쳐 올려놓으면 됩니다. 그러면 물웅덩이를 무사히 건널 수 있습니다.

스물다섯 번째 문제 풀이

제임스는 먼저 '초콜릿과 바닐라'라는 상표가 붙은 상자에서 과자 하나를 꺼내야 합니다. 모든 상자의 내용물이 모두 뒤바뀌어 있다고 했으니, 그 안에는 분명 두 가지가 섞여 있는 게 아니라 초콜릿 과자 아니면 바닐라 과자가 들어 있을 겁니다.

만약 상자 안에 초콜릿 과자가 들어 있다면, '바닐라'라는 상표가 붙은 상자에는 초콜릿과 바닐라 과자가 함께 들어 있으며, '초콜릿'이라는 상표가 붙은 상자에는 바닐라 과자가 들어 있을 겁니다.

반대로 상자 안에 바닐라 과자가 들어 있다면, '바닐라'라는 상표가 붙은 상자에는 초콜릿 과자가 들어 있으며, '초콜릿'이라는 상표가 붙은 상자에는 초콜릿과 바닐라 과자가 함께 들어 있을 겁니다.

스물여섯 번째 문제 풀이

주사위의 서로 마주 보고 있는 면의 합은 언제나 7입니다. 예를 들어 한쪽이 1이면 그 반대편은 6이고, 한쪽이 3이면 그 반대편은 4입니다. 이 원칙을 이용하면 주사위의 보이지 않는 아홉 개의 면

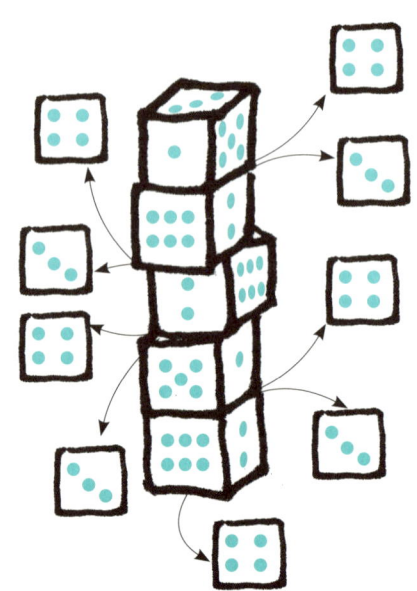

에 있는 점의 합을 간단히 계산할 수 있답니다. 정답은 32입니다.

스물일곱 번째 문제 풀이

세 친구는 피자 값으로 27,000원을 냈어요. 원래는 25,000원만 내면 되는데 말입니다. 따라서 피자 값 27,000원 속에 점원에게 준 2,000원을 포함시키면 안 됩니다. 점원이 가진 2,000원을 계산에서 제외하면, 27,000원이라는 계산이 맞아떨어지죠.

스물여덟 번째 문제 풀이

네 명의 농부 중에서 진실을 말하는 사람은 단 한 명입니다. 진실을 이야기하는 사람이 한 명이니까 첫 번째와 두 번째, 세 번째, 네 번째 농부 중 누가 진실을 말하는지 차례대로 가정해 봅시다.

만약 첫 번째 농부가 진실을 말했다면 두 번째 농부가 거짓말을 하는 겁니다. 그런데 세 번째 농부는 "두 번째 농부가 거짓말을 말한다"고 했으니, 세 번째 농부도 진실을 말하는 셈입니다. 하지만 진실을 말하는 사람은 한 명뿐이어야 하죠. 이는 문제의 조건에 맞지 않으므로 모순됩니다.

두 번째 농부가 말한 "첫 번째 농부가 길을 안다"가 진실이라면, 네 번째 농부가 말한 "자기는 길을 모른다"는 진실이 됩니다. 진실을 말하는 사람이 두 명이 되어 역시 모순입니다.

네 번째 농부가 말한 "자기는 길을 모른다"가 진실이라면, 세 번째 농부가 말한 "두 번째 농부가 거짓말을 말한다"는 거짓입니다. 그러면 두 번째 농부가 말한 "첫 번째 농부가 길을 안다"와 맞아 떨어지지 않으므로 역시 모순입니다.

"두 번째 농부가 거짓말을 말한다"는 세 번째 농부의 말이 진실이라면, 두 번째 농부가 말한 "첫 번째 농부가 길을 안다"도 거짓말이 되고, 첫 번째 농부가

꿀꿀 삼총사, 정답이 뭐야?

말한 "세 번째 농부가 길을 안다"도 거짓말이 되며, 네 번째 농부가 말한 "자기는 길을 모른다"도 거짓말이 됩니다. 결국 모든 것이 맞아 떨어지므로 세 번째 농부의 말이 진실입니다.

스물아홉 번째 문제 풀이

먼저 첫 번째 자루에서 동전 하나를, 두 번째 자루에서 동전 두 개를, 세 번째 자루에서 동전 세 개를, 네 번째 자루에서 동전 네 개를, 다섯 번째 자루에서 동전 다섯 개를 꺼냅니다. 그런 다음에는 저울을 이용해 그 동전들의 무게를 재어 봅니다.

만약 동전 열다섯 개가 모두 진짜 동전이라면, 그 무게는 정확히 150그램이 되어야겠죠? 하지만 그중에는 적어도 하나 이상의 가짜 동전이 포함되어 있으니, 전체 무게는 150그램보다 분명 적게 나갈 것입니다. 전체 무게가 얼마나 적게 나오는지를 알면, 이제 어느 자루에 가짜 동전들이 들어 있는지를 알 수 있습니다.

예를 들어 전체 무게가 148그램이라고 가정해 볼까요? 그렇다면 동전 두 개만큼의 무게가 부족한 것이니, 동전 두 개를 꺼낸 두 번째 자루에 가짜 동전이 들어 있는 것입니다. 또 전체 무게가 147그램이라면, 동전 세 개만큼의 무게가 부족한 것이니, 세 번째 자루에 가짜 동전이 들어 있는 것이죠.

서른 번째 문제 풀이

두 선수는 시속 10킬로미터의 똑같은 속도로 달리고 있습니다. 그러니 두 선수가 60킬로미터 거리의 한가운데 지점에서 만나려면, 각자 30킬로미터를 달려야 합니다. '시간 = $\frac{거리}{속력}$'의 공식으로 계산한다면, 각자 쉬지 않고 세 시간을 달려야 하네요. 새가 움직인 거리를 각각 구하려 하면 매우 어렵겠지만, 두 선수가 만나기까지 새가 움직인 시간만을 생각한다면 세 시간입니다. 결국 새는 25킬로미터×3시간=75킬로미터의 거리를 난 셈입니다.

서른한 번째 문제 풀이

7분짜리 모래시계와 5분짜리 모래시계 두 개로 정확히 11분을 재려면 어떻게 해야 할까요? 7분과 5분의 차이는 2분인데, 7분에다가 2분을 두 번 더하면 11분이라는 시간이 나옵니다. 이 원리를 이용하면 됩니다. 다음과 같이 그림을 따라가 보면 11분을 잴 수 있습니다.

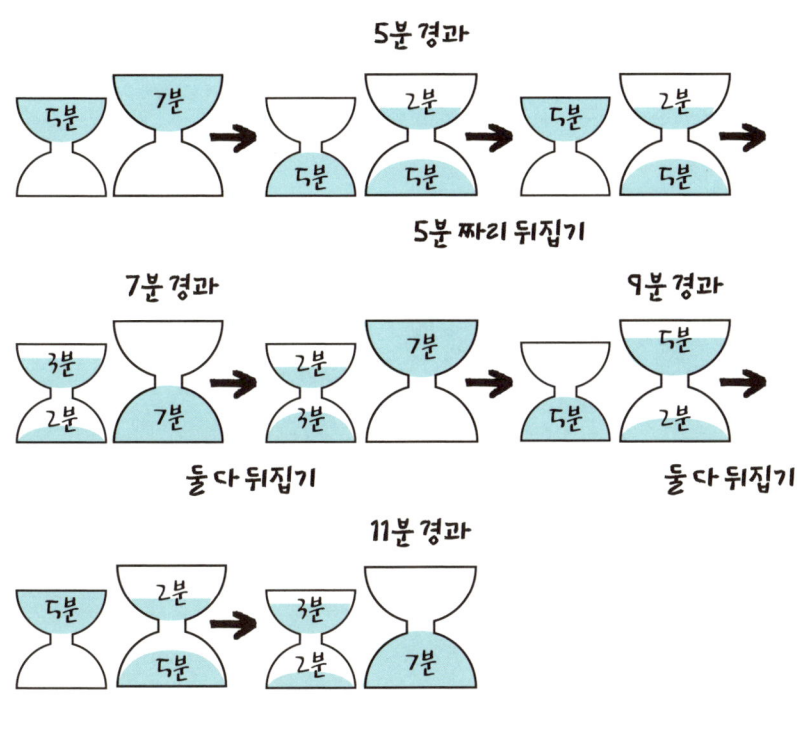

서른두 번째 문제

몇 그루의 은행나무를 준비해야 할까?

제임스가 말합니다.

"거의 맞힐 뻔했는데, 안타깝네요. 만약 삼촌이 선생님처럼 했다면, 지금쯤 하늘나라를 날아다닐 거예요. 선생님은 우리 삼촌처럼 위험한 일을 하지 않아도 되니 다행이에요."

베이컨 선생님이 억울하다는 표정을 지으며 말합니다.

"하지만 너희 삼촌은 나처럼 신경 쓸 일은 없잖아! 선생님이 얼마나 힘든 줄 아니? 너희와 싸우느라 날마다 고생한다고!"

하인이 끼어듭니다.

"하지만 저희 때문에 고생하긴 하셔도 선생님은 그렇게 위험한 일을 하시지는 않잖아요. 폭파 작업은 계산을 조금이라도 잘못하면 큰일이 생길 수 있다고요."

볼레도 나섭니다.

"맞아요. 우리 생활에서 계산은 중요해요! 편의점에서 물건을 살 때, 점원이 잘못 계산하면 불편할 수도 있어요."

그러자 교실 여기저기서 다들 한마디씩 합니다.

"비행기 조종사가 거리를 잘못 계산해서 연료가 떨어지면……."

"착륙 지점을 잘못 계산해서 끔찍한 사고가 난다면……."

교실에 있는 학생들이 말하는 한마디 한마디가 모두 수학이 얼마나 중요하고 쓸모 있는지를 일깨워 줍니다. 거의 맞힐 뻔한 문제를 사소한 계산 실수로 못 맞힌 선생님은 아이들의 말을 듣고 부끄러워집니다.

"너희는 내가 계산 실수를 했다고 놀리는 거니?"

하인이 말합니다.

"아니에요! 저희는 단지 일상생활에서 수학이 얼마나 필요한지를 강조하고 싶었던 거예요. 예를 들어 정원사도 수학을 모르면 고생한다고요."

"정원사가 하는 일이 수학과 관계있다고?

하인이 차근차근 설명합니다.

"길가에 가로수나 꽃을 심는 것만 해도 수학이 필요하죠. 예를 들어 300미터 길이의 길 양쪽에 나무를 심는다고 가정해 보세요. 정확히 10미터 간격으로 한 그루씩 심어야 한다면, 정원사는 모두 몇 그루의 나무를 심어야 할까요?"

서른세 번째 문제

얼마나 빨리 달려야 할까?

"사이클 선수들도 계산을 잘해야 해요!"

제임스가 나섭니다. 왜 갑자기 사이클 선수를 이야기하느냐고요? 그게 바로 그의 꿈이니까요. 멋들어진 자전거를 타고 경기장을 달리는, 꿀꿀 그랑프리 대회에 참가하는 게 그의 목표죠.

베이컨 선생님이 말합니다.

"사이클 선수가 되려면 좋은 눈과 강한 팔만 있으면 된다고 생각했는데, 수학도 잘해야 한다고?"

"주말에 저는 꿀꿀 그랑프리 대회에 참가했어요. 그런데 그 대회에서 무슨 일이 있었는지 아세요?"

"글쎄다. 나야 안 가 봤으니 알 수가 없지."

선생님은 그렇게 대답하면서 시계를 봅니다. 이젠 정말 시험 시간이 얼마 안 남았어요.

"대회 참가자는 경기장을 두 번 돌아야 했어요. 평균 시속 40킬로미터로 한 바퀴 둘레가 10킬로미터인 경기장을 두 바퀴 돌아야 했죠. 하지만 경주가 시작되자마자, 제 자전거 바퀴에 나뭇가지 하나가 끼고 말았어요. 그 바람에 시간을 지체하다 보니, 처음 한 바퀴를 도는 데 평균 시속 20킬로미터로 30분이나 걸렸죠."

선생님이 안타까워하는 목소리로 묻습니다.

"그래서 어떻게 되었니? 두 번째 바퀴에서는 더 빨리 달렸니?"

"아니요. 저는 바로 포기했어요."

"아니 왜? 너무 성급하게 포기한 건 아니니?"

"두 번째 바퀴에서 아무리 빨리 달려 봤자 아무 소용없으니까요. 평균 시속 40킬로미터로 달리려면, 두 번째 바퀴에서는 시속 몇 킬로미터로 달려야 할까요?"

"잠깐만 기다려 봐라. 그렇게 어렵지 않게 계산할 수 있을 것 같은데……."

베이컨 선생님은 계산기를 꺼내 듭니다. 이번 문제는 완벽하게 맞힐 수 있을 것 같아서요.

서른네 번째 문제

누가 자기 귀에 꽂힌 깃털 색을 맞혔을까?

안네가 베이컨 선생님 대신 답을 알아맞히자 하인이 감탄하며 말합니다.

"안네, 넌 정말 똑똑하구나. 이번 기회에 너를 우리 꿀꿀 삼총사 수학 동아리의 명예 회원으로 받아들여야겠어."

그 말을 듣던 볼레와 제임스가 고개를 끄덕이며 동의합니다. 심지어 베이컨 선생님도 안네의 숨은 재주를 인정합니다.

"나는 네 수학 실력을 다시 한 번 진지하게 생각해 봐야겠다. 하지만 우리는 이제 시험을……."

하지만 볼레가 끼어듭니다.

"선생님, 이제는 그럴 필요가 없습니다. 시험 시간이 얼마 안 남았어요. 그러니 오늘은 지금처럼 재미있는 문제들을 좀 더 풀고, 시험은 다음 시간에 봐요. 제가 아주 재미있는 문제를 내 볼게요."

선생님이 아무 말도 못 하자, 볼레가 이야기를 이어 갑니다.

"돼지 세 마리가 미국 서부를 여행하다가 인디언들에게 사로

 잡혔어요. 세 개의 기둥에 한 마리씩 꽁꽁 묶이게 되었죠. 이 기둥들은 앞뒤로 나란히 박혀 있었죠. 세 돼지 중에 맨 마지막의 기둥에 묶여 있는 돼지는 앞에 있는 두 돼지의 뒷모습만 볼 수 있었죠. 가운데 기둥에 묶여 있는 돼지는 자기 앞에 있는 돼지의 뒷모습만 볼 수 있었고, 맨 앞의 기둥에 묶여 있는 돼지는 다른 두 돼지를 볼 수 없었죠."

 이야기에 빠져들던 선생님이 말합니다.

 "아이고, 인디언들이 돼지 바비큐 파티를 하려나……."

 "잠시 뒤, 인디언 추장이 다섯 개의 독수리 깃털을 들고 나타났어요. 그중 세 개는 검은색이고, 두 개는 흰색이었어요. 추장은 돼지들에게 다섯 개의 깃털을 보여 주고는, 돼지들의 귀에다 깃털을 하나씩 꽂았어요. 뒤에 있는 돼지는 앞에 있는 돼지의 귀에 꽂힌 깃털의 색을 볼 수 있지만, 어느 누구도 자기 귀에 꽂힌 깃털은 볼 수 없었죠. 그리고 추장은 이렇게 말했어요. '너희 가운데 자기 귀에 꽂힌 깃털의 색을 알아맞히는 돼지가 있다면, 너희를 모두 풀어 주마. 하지만 문제를 풀기 전까지 셋이 대화를 나누어서는 절대 안 된다.' 이 말을 듣고 세 돼지는 한참 동안 아무 말도 하지 못했죠."

"자기 귀에 꽂힌 깃털의 색을 무슨 수로 알아맞히니?"

"그러다가 드디어 돼지 하나가 답을 맞혔어요. 그래서 나머지 두 돼지도 모두 풀려났어요. 그렇다면 세 돼지 중에 누가 답을 알아맞혔을까요? 그 돼지는 자신의 귀에 어떤 색 깃털이 꽂혀 있다고 말했을까요?"

서른다섯 번째 문제

한 시간 만에 다리를 건너라!

안타깝게도 베이컨 선생님은 답을 맞히지 못했습니다. 기둥에 묶여 있던 돼지가 선생님이 아니었다는 게 그나마 다행일 뿐입니다.

"이제 문제는 그만 내라."

선생님은 어느새 봉투에서 성적 평가를 하는 노트를 꺼냅니다. 시험지로 시험을 보기에는 시간이 부족할지 몰라도, 몇몇 학생들을 상대로 구술시험을 볼 만한 시간은 아직 남아 있으니까요.

안네가 겁먹은 얼굴로, 하인에게 어떻게 좀 해 보라고 눈짓을 합니다. 그러자 하인이 속으로 생각합니다.

'어이, 사촌! 방금 좋은 문제가 생각났어!'

안네에게 한쪽 눈을 찡긋거리며 신호를 보내고, 선생님에게 말합니다.

"선생님, 어젯밤에 우리 아빠랑 삼촌 세 분에게 큰일이 생겼어요. 어떤 일이 일어났는지 들어보실래요?"

"아니! 분명 수학과 상관없는 이야기겠지?"

"아니에요! 아주아주 수학적인 문제예요. 그러니 한번 들어 보세요. 우리 아빠랑 삼촌 세 분은 생일이 모두 똑같아서, 어제 저녁에 레스토랑에 함께 모여 생일 파티를 열었어요. 기분이 좋아진 네 분은 좀 지나치다 싶을 정도로 맥주를 많이 마셨어요. 배가 너무 불러서 가만히 서 있기도 힘들 정도였어요. 그리고 집

으로 돌아오는 길에 긴 다리를 건너게 되었어요. 그 다리는 무게 제한이 있어서 한 번에 두 명밖에 못 건너죠. 그나마 가장 가벼운 아빠가 그 다리를 건너는 데는 5분이 걸리고, 세 분 삼촌이 건너는 데는 각각 10분, 20분, 25분이 걸리죠. 한밤중이라 주위는 어두웠고, 다리를 건너려면 손전등이 필요했어요. 하지만 네 분에게는 손전등이 하나밖에 없었어요."

"아이고, 하필이면 생일날에 고생하셨구나……."

"그래서 먼저 다리를 건넌 두 분 가운데 한 분이 손전등을 가지고 원래 자리로 다시 돌아와야 했어요. 그래야 다음 사람이 다리를 건널 수 있으니까요. 그런데 네 분은 한 시간 만에 다리를 건너셨어요. 네 분은 어떻게 다리를 건넜을까요?"

베이컨 선생님이 잠시 머뭇거리더니 대답합니다.

"먼저 떠난 두 분이 다리 위를 걸어가며 연못 위로 전등을 비춰 주는 거야. 그러면 다른 두 분은 그 불빛을 따라 헤엄쳐 건너면 안 되니?"

"헤엄쳐 건넌다고요? 그건 불가능해요."

서른여섯 번째 문제

며칠 만에 연못의 4분의 1을 덮을까?

이번 문제도 맞히지 못하자 베이컨 선생님은 딴소리를 합니다.

"네 분이 헤엄쳐서 건너면 되실 걸 괜히 고생하셨구나. 수학을 잘하려면 창의성이 필요해! 정해진 길을 가는 것보다 창의적으로 길을 개척할 줄 알아야 한다고!"

그러자 하인이 말합니다.

"그건 불가능하다고 말씀드렸을 텐데요."

"왜 불가능하니? 수영을 못 하시니?"

"그건 아니고요. 연못에 연꽃이 가득 피어서 수영을 할 수가 없거든요."

"아하, 그랬구나. 그건 미처 몰랐네."

"요새 날씨가 따뜻해지니까 연꽃들이 눈 깜짝할 사이에 연못을 뒤덮었어요. 일주일 전만 해도 연꽃이 두 송이만 피었거든요. 그런데 그날 이후로 날마다 두 배씩 피어나는 바람에, 지금은 연못을 가득 뒤덮었어요. 그럼 이 연꽃들은 피기 시작한 뒤 며칠 만에 연못의 4분의 1을 뒤덮었을까요?"

"이 문제는 어렵지 않겠구나!"

선생님이 자신만만한 목소리로 대답합니다.

서른일곱 번째 문제

체인을 하나로 연결하라!

"봐라! 내가 얼마나 수학을 잘하는지 이제 알겠지?"

문제를 맞히자 베이컨 선생님이 기세등등하게 소리칩니다.

"이제 너희도 잘 알겠지? 왜 일상생활에서 수학이 필요한지 말이다. 수학은 계산뿐만 아니라 논리적인 사고를 해야 잘할 수 있지!"

그러자 안네가 선생님의 흥을 깹니다.

"그럼 수학으로 제 목걸이도 고칠 수 있나요? 오늘 아침에 늦잠을 자느라 학교에 뛰어오다가 목걸이가 끊어졌어요."

안네가 목걸이를 책상 위로 꺼내 놓으며 말합니다.

"선생님, 보세요, 목걸이가 끊어져서 이렇게 네 개의 체인이 되어 버렸어요."

안네의 끊어진 목걸이는 네 개의 체인으로 나뉘어 있습니다. 하나의 체인은 세 개의 고리로 연결되어 있고, 다른 하나는 네 개의 고리로 연결되어 있으며, 나머지 두 개는 다섯 개의 고리로

연결되어 있습니다.

그런데 목걸이를 고치려면 네 개로 나뉜 체인을 하나로 연결해야 합니다. 먼저 체인의 한쪽 끝의 고리 하나를 구부려서, 다른 쪽 체인의 한쪽 끝의 고리와 연결해야 하죠. 하지만 고리를 구부렸다가 다시 닫는 것은 매우 어려운 작업입니다. 그러니 고리를 최대한 적게 구부려서 고치는 것이 좋겠죠.

안네가 선생님에게 질문합니다.

"제 목걸이를 고치려면 얼마나 많은 고리를 구부려야 할까요?"

"음, 어디 보자. 네 개로 나뉜 체인의 한쪽 끝에 있는 고리들을 구부리고, 그것들을 하나하나 연결하면 네 개의 고리만 구부리면 되겠구나!"

그러자 하인이 소리칩니다.

"선생님, 저는 고리를 더 적게 구부리고도 목걸이를 고칠 수 있어요!"

"말도 안 돼! 네가 마법사라도 그건 불가능해!"

"선생님께서 그러셨잖아요! 수학을 잘하려면 창의성이 필요하다고요! 저한테 아주 좋은 생각이 또 올랐어요!"

서른여덟 번째 문제

할아버지의 유산

베이컨 선생님이 진땀을 뻘뻘 흘리며 말합니다.

"아, 그런 방법이 있었구나……."

하인이 말합니다.

"수학이 없었다면 이 문제를 해결하지 못했을 거예요. 계산뿐만 아니라 논리적인 사고와 창의력도 발휘해서 이 문제를 해결할 수 있었죠!"

"그래, 우리 생활에서 수학은 정말 쓸모가 있지……."

"맞아요. 우리 집안에도 저처럼 수학을 좋아하는 러셀 삼촌이 있어요. 그 삼촌은 할아버지가 남기신 유산 문제도 해결했죠! 우리 할아버지는 우리 아빠와 러셀 삼촌을 비롯한 다섯 형제에게 집 한 채와 땅을 유산으로 남겨 주셨어요. 그 집은 땅의 4분의 1만큼을 차지하고 있거든요. 제가 이해하기 쉽도록 그림으로 그려 볼게요."

하인이 칠판에 그림을 그립니다.

 "이 그림에서 알 수 있듯이 땅은 정사각형 모양이고, 그중 한쪽에 집이 자리하고 있죠. 집이 서 있는 바로 이 4분의 1만큼의 땅은 러셀 삼촌이 물려받기로 했어요. 나머지 땅은 아빠와 세 삼촌이 물려받기로 했죠. 그런데 조건이 하나 있어요."

 "조건이 뭐니?"

 "러셀 삼촌이 나머지 네 형제에게 크기와 모양이 똑같은 땅을 나누어 주지 못하면, 러셀 삼촌도 할아버지의 유산을 받지 못한다는 조건이었어요. 삼촌은 수학을 잘해서 이 문제를 잘 해결했어요."

"음, 나도 이 문제를 해결해 볼까?"

선생님은 숨을 크게 몰아쉬더니, 칠판에 그려진 그림을 뚫어져라 바라봅니다.

"그런데 말이다. 나머지 땅을 반드시 직선으로 나눠야 하니?"

"예, 맞아요. 그리고 분명히 말씀드리지만, 삼촌은 분명 수학을 이용해 이 문제를 해결했어요."

"알았다. 너희 삼촌이 해결한 문제를 나라고 해결하지 못할 리가 없지."

베이컨 선생님은 그렇게 말하고는 깊은 생각에 잠깁니다.

서른아홉 번째 문제

주사위와 경우의 수

베이컨 선생님은 시계를 바라보며 말합니다.

"이제 10분도 안 남았구나. 수학 시험을 보기가 힘들어졌네. 하지만 너희 중 몇 명에게 구술시험 문제를 물어볼 시간은 아직 남아 있어. 특히 수학 성적이 안 좋은 학생들을 대상으로 말이다."

선생님 말씀이 떨어지자마자, 수잔이 울먹이는 목소리로 애원합니다.

"제발 저한테 문제를 내지 마세요. 오늘은 제 생일이거든요."

"그래? 생일 축하한다. 그럼 안네한테 문제를 내야겠구나."

"저도 오늘이 생일이에요. 수잔이랑 저는 쌍둥이잖아요."

선생님은 어느새 봉투에서 구술시험 성적이 적힌 노트를 꺼냅니다. 그 순간, 선생님의 눈에 '가'라는 형편없는 점수를 받은 볼레의 이름이 눈에 들어옵니다. 볼레에게 문제를 내려는 순간, 제임스가 안네와 수잔에게 묻습니다.

"오늘은 생일인데 뭐하고 놀 거야?"

안네가 대답합니다.

"우리는 카트를 타기로 했어!"

"우와, 재밌겠다. 우리도 같이 가자."

"그런 다음에는 영화관에 갈 거야. 하지만 어떤 영화를 볼지는 아직 결정하지 못했어. 나는 '어벤져스 피그'가 좋은데……."

이 말을 듣고 수잔이 끼어듭니다.

"말도 안 돼! 그 영화는 정말 유치해. 차라리 '겨울왕국 피그'를 보러 가자."

그러자 하인이 나섭니다.

"그럼 주사위 두 개를 던져서 합이 짝수이면 안네가 원하는 영화를 보고, 홀수이면 수잔이 원하는 영화를 보는 거야."

안네가 투덜댑니다.

"이 중요한 결정을 겨우 주사위로 한다고!"

수잔도 투덜댑니다.

"주사위로 정하는 건 공평하지 않을 것 같은데! 짝수가 나오는 경우의 수는 2, 4, 6, 8, 10, 12의 여섯 가지이고, 홀수가 나오는 경우의 수는 3, 5, 7, 9, 11의 다섯 가지잖아!"

과연 그럴까요?

 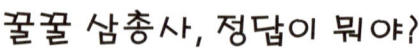

서른두 번째 문제 풀이

300미터 길이의 길 양쪽에 정확히 10미터 간격으로 나무를 한 그루씩 심으려면, 모두 몇 그루의 나무를 심어야 할까요? 이 문제는 '300÷10=30그루'라는 식만으로 계산하는 데 그쳐서는 안 됩니다. 300미터가 끝나는 지점에도 나무를 심어야 하므로 31그루를 심어야 합니다. 그리고 길 양쪽에 심는다고 했으니, '31×2=62그루'를 심어야 합니다.

서른세 번째 문제 풀이

한 바퀴가 10킬로미터인 경기장을 두 바퀴 돈다면, 전체 거리는 20킬로미터입니다. 그런데 평균 시속 40킬로미터의 속도로 달려야 하죠. 속력을 구하는 식인 '속력=$\frac{거리}{시간}$'으로 계산하면 '$40=\frac{20}{x}$'가 됩니다. 이 식이 성립하려면 x는 $\frac{1}{2}$시간(30분)이 되어야 합니다. 두 바퀴를 30분 만에 달려야 하는 셈이죠.

하지만 가우스는 첫 번째 바퀴에서 평균 시속 20킬로미터로 달렸기 때문에, 첫 바퀴를 도는 데만 30분이 걸렸죠. 그러니 두 번째 바퀴를 아무리 빨리 달리더라도 평균 시속 40킬로미터를 달릴 수는 없습니다.

서른네 번째 문제 풀이

깃털은 모두 5개이고, 그중 세 개는 검은색, 두 개는 흰색입니다. 만약 맨 뒤의 기둥에 묶인 돼지가 앞에 묶인 두 돼지의 귀에 하얀색 깃털 두 개가 꽂혀 있는 것을 보았다면, "내 귀에는 검은색 깃털이 꽂혀 있습니다"라고 대답했을 겁니다. 하지만 맨 뒤에 묶인 돼지는 한참 동안 아무 말도 하지 못했어요. 그것은 앞에 있는 두 돼지 가운데 적어도 한 돼지의 귀에는 검은색 깃털이 꽂혀 있다는 것을 의미하죠.

가운데 기둥에 묶인 돼지는 이내 그 사실을 눈치챘어요. 그렇다면 그 돼지가 자기 앞에 묶인 돼지의 귀에 하얀색 깃털 하나가 꽂힌 것을 보았다면, "내 귀에는 검은색 깃털이 꽂혀 있습니다!"라고 대답했을 거예요. 하지만 그 돼지 또한 한참이 지나도록 아무 말도 하지 못했죠.

맨 앞의 기둥에 묶인 돼지는 이내 그 사실을 알아차렸어요. 그러고는 소리쳤어요. "내 귀에는 검은색 깃털이 꽂혀 있습니다!" 그렇게 해서 세 돼지는 무사히 풀려날 수 있었습니다.

서른다섯 번째 문제 풀이

먼저 5분 걸리는 아빠와 10분 걸리는 삼촌이 다리를 함께 건넙니다. 그런 다음, 5분 걸리는 아빠가 돌아갑니다. 이렇게 하면 15분이 걸립니다.

이번에는 20분과 25분 걸리는 두 삼촌이 아빠의 손전등을 받아 들고 다리를 함께 건넙니다. 그러고는 10분 걸리는 삼촌이 아빠에게 다시 갑니다. 그러면 지금까지 걸린 시간은 총 50분입니다.

맨 마지막으로 아빠와 10분 걸리는 삼촌이 함께 다리를 건너면 딱 한 시간이 걸립니다.

서른여섯 번째 문제 풀이

7일째

6일째

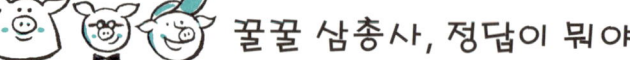

꿀꿀 삼총사, 정답이 뭐야?

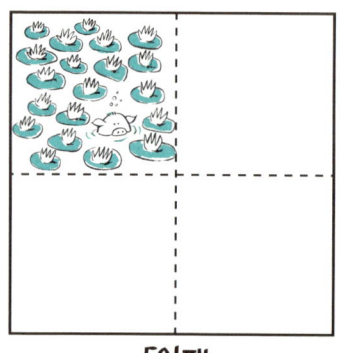

5일째

연꽃들이 날마다 두 배 늘어나서 일주일 만에 연못을 가득 채우게 되었다고 했지요? 그렇다면 맨 마지막 날 하루 전인 6일째 되는 날에는 연꽃들이 연못의 2분의 1을 채우게 됩니다. 그리고 그 전날인 5일째 되는 날에는 절반의 절반인 4분의 1을 채우게 되죠.

서른일곱 번째 문제 풀이

먼저 가장 짧은 체인에 연결된 3개의 고리를 모두 구부리고, 각각 하나의 고리로 분리합니다. 그러면 3개의 고리가 만들어지겠죠? 그런 다음 이 3개의 고리를 나머지 세 개의 체인에 연결하면 3개의 고리만 구부려서 모든 체인을 하나로 연결할 수 있습니다.

서른여덟 번째 문제 풀이

도형을 크기와 모양이 같도록 나누려면, 그 도형을 작은 단위로 쪼개어 생각

하면 됩니다. 작은 사각형의 개수는 12개이므로, 러셀 삼촌을 제외한 네 명의 형제는 작은 사각형 세 개씩을 나눠 가지면 되죠.

그럼 어떻게 작은 사각형을 모양과 크기가 같게 똑같이 나눌 수 있을까요? 러셀 삼촌은 그림과 같이 땅을 나누었습니다.

서른아홉 번째 문제 풀이

주사위 두 개를 던져서 나올 수 있는 합과 그 경우의 수를 정리하면 다음 표와 같습니다.

주사위 A와 B의 합	(주사위 A, 주사위 B)	경우의 수
2	(1,1)	1
3	(1,2)(2,1)	2
4	(1,3)(3,1)(2,2)	3
5	(2,3)(3,2)(1,4)(4,1)	4
6	(1,5)(5,1)(2,4)(4,2)(3,3)	5
7	(1,6)(6,1)(2,5)(5,2)(3,4)(4,3)	6
8	(2,6)(6,2)(3,5)(5,3)(4,4)	5
9	(4,5)(5,4)(3,6)(6,3)	4
10	(5,5)(6,4)(4,6)	3
11	(5,6)(6,5)	2
12	(6,6)	1
계		36

홀수가 나오는 경우의 수는 '2+4+6+4+2=18'이고, 짝수가 나오는 경우의 수는 '1+3+5+5+3+1=18'입니다. 홀수가 나오는 경우의 수와 짝수가 나오는 경우의 수는 18로 같지요. 그러니 하인이 제안한 주사위 내기는 공평한 것이에요.

마흔 번째 문제

사이다 21개

제임스가 말합니다.

"어차피 수학 시험을 볼 수도 없으니, 안네와 수잔을 위해 작은 파티를 열어 주는 게 어떨까요? 너희 생각은 어떠니?"

학생들 모두가 제임스의 생각에 찬성합니다. 베이컨 선생님은 구술시험 성적이 적힌 노트를 봉투에 집어넣으며 말합니다.

"그래, 좋다. 매점에 가서 사이다라도 사 오거라. 하지만 조용히 다녀와야 한다. 교장 선생님과 장학관 선생님이 학교 어딘가에 계실 테니 말이다."

2분 후, 제임스가 21개의 사이다를 사 가지고 돌아왔습니다. 학생들은 각각의 컵에 사이다를 가득 채웁니다. 그러고는 안네와 수잔을 위해 건배를 외칩니다. 그리고 생일 축하 노래도 부릅니다.

그때 갑자기 교실 문이 열리고, 근사한 양복을 차려입은 교장 선생님과 장학관 선생님이 나타납니다.

"아니, 지금 뭐하는 겁니까? 지금은 수학 시간이 아닌가요? 그렇지 않은가요, 베이컨 선생님?"

교장 선생님은 얼굴을 찌푸리고, 장학관 선생님도 고개를 설레설레 흔들면서 말합니다.

"수업 시간에 뭐하는 겁니까?"

베이컨 선생님의 얼굴이 새파랗게 질립니다. 아무 대답도 하지 못하고 식은땀만 뻘뻘 흘립니다. 이때 하인이 나섭니다.

"물론 지금은 수학 수업 중입니다. 우리는 실제 생활에서 수학을 활용하는 예를 알아보고 있어요. 선생님은 이런 수업 방식을 모르세요?"

교장 선생님은 고개를 흔들며 모르겠다는 표정을 짓습니다. 그러자 하인이 제임스와 볼레에게 자기 쪽으로 오라고 신호를 보냅니다. 그러고는 교탁 위에 놓인 사이다 병들을 가리키며 말합니다.

"여기에 사이다 21병이 있어요. 그중에 일곱 병은 가득 차 있고, 일곱 병은 반만 차 있으며, 나머지 일곱 병은 비어 있죠. 이제 문제를 낼게요. 저와 제임스, 볼레가 똑같은 양의 사이다와 똑같은 수의 병을 가지려면, 21병을 어떻게 나눠야 할까요?"

"오, 정말 흥미로운 문제로군요!"

장학관 선생님이 감탄합니다.

"베이컨 선생님, 정말 아주 새로운 교육 방식입니다."

교장 선생님도 칭찬합니다.

그러자 그런 두 선생님에게 하인이 묻습니다.

"그럼 두 분이 답을 말씀해 주시겠어요?"

마흔한 번째 문제

신기한 숫자

문제를 풀지 못한 교장 선생님은 난감한 처지에 놓이자, 입에 침이 마르도록 칭찬합니다.

"정말, 근사한 문제로구나. 재미있는 데다 수학 공부에도 도움이 되니 말이다. 그나저나 너희는 계산 문제를 자주 푸니?"

"계산 문제는 지루해요!"

볼레가 소리칩니다.

"재미도 없어요!"

제임스도 소리칩니다.

"더구나 숫자는 확실하게 믿을 수 있는 것도 아니에요!"

하인도 소리칩니다.

"뭐라고?"

교장 선생님이 깜짝 놀라 소리칩니다.

"숫자를 확실하게 믿을 수 없다고?"

"네. 제가 예를 하나 들어 볼게요. 두 자릿수 이상의 어떤 수에서 가장 앞에 있는 숫자를 없애면, 그 수는 더 작아진다는 것을 선생님도 아실 거예요. 그렇죠?"

베이컨 선생님은 하인과 눈이 마주치자 입을 꾹 다뭅니다. 하인에게 또다시 속고 싶지 않아서죠. 섣불리 나섰다가 교장 선생님 앞에서 망신이라도 당하면 큰일이죠. 하지만 선생님은 하인의 말이 사실이라는 것을 분명히 알고 있습니다. 어떤 수에서 맨 앞자리의 숫자를 없애면, 그 수는 더 작아지게 마련이죠. 절대로 커질 수는 없습니다.

교장 선생님이 자신 있는 목소리로 말합니다.

"물론이지, 그건 너무나 당연한 사실이지!"

"하지만 저는 그렇지 않은 수도 알고 있어요. 맨 앞자리의 숫자를 없애면, 오히려 더 커지는 수들도 있지요."

"말도 안 돼! 그런 수가 어디 있니?"

교장 선생님이 고개를 저으며 말합니다.

"그렇다면 그게 어떤 수인지 말해 보렴."

장학관 선생님이 고개를 갸웃거리며 재촉합니다.

마흔두 번째 문제

어머니와 강아지는 몇 살일까?

"아, 이건 수학 문제가 아니라 난센스 퀴즈 같구나."

교장 선생님은 꿀꿀 삼총사의 유머를 받아들이는 것이 베이컨 선생님처럼 익숙하지 않습니다. 그래서 베이컨 선생님에게 비꼬는 말을 합니다.

"선생님, 정말 좋으시겠어요. 이 반 학생들은 정말 똑똑한 것 같군요. 물론 잘난 척한다고 오해받을 수도 있겠지만요. 아, 그러니까 학생들이 상당히 자신감이 넘쳐 보이네요."

"그러니까, 그게……."

베이컨 선생님은 뭐라고 대답해야 할지 몰라서 얼버무립니다. 쥐구멍에라도 숨고 싶은 심정입니다.

"우리 반 학생들은 큰 문제가 없습니다. 다들 똑똑한 학생들입니다."

교장 선생님이 하인에게 말합니다.

"너는 산드라의 아들이지? 네 어머니가 학교에 다닐 때 나한테 공부를 배웠단다. 어머니는 올해 몇 살이시니?"

하인이 대답합니다.

"지금은 수학 시간이니까 수학적으로 대답할게요. 저는 13살이고, 제 여동생은 10살입니다. 8년 후에 저와 여동생의 나이를 합하면, 제가 태어났을 때의 우리 아버지의 나이와 똑같아지죠. 그런데 우리 어머니는 아버지보다 4살 어려요."

"그래, 아주 흥미로운 설명이구나. 하지만 나는 너한테 그런 걸 묻지는 않은 것 같은데……."

"하지만 제가 말씀드린 것을 따져 보면, 제 어머니의 나이를

금방 알 수 있답니다."

"그래? 그럼 어디 한번 계산해 볼까?"

교장 선생님은 분필을 들고 칠판 앞으로 다가갑니다.

"하인 어머니의 나이를 알아내려면, 먼저 하인의 나이에다……."

하인이 말합니다.

"우리 집에는 강아지 한 마리가 있어요. 그 강아지의 나이도 수학으로 계산할 수 있어요. 강아지의 나이는 우리 집 남자들의 나이를 모두 더한 값에 우리 집 여자들의 나이를 모두 더한 값을 빼면 되지요."

하인이 문제를 내는 것을 지켜보던 베이컨 선생님의 입가에 미소가 번집니다. 교장 선생님이 자신처럼 쩔쩔매는 모습을 상상하면서요.

마흔세 번째 문제

바람 부는 날에 돗자리를 고정시켜라

이번에는 장학관 선생님이 말합니다.

"그럼 너희는 일상생활에서 수학을 활용하는 다른 문제도 배운 적이 있니? 우리가 학교에서 공부하는 이유는 좋은 성적을 받기 위해서가 아니란다. 학교에서 배운 것들을 일상생활에서 활용하는 것이 바로 진짜 공부지."

제임스가 손을 번쩍 들며 말합니다.

"그럼요! 베이컨 선생님은 수학의 기본적인 원리와 개념을 생활 속에서 활용하라고 하세요. 또 일상생활에서 일어나는 여러 문제들을 수학적으로 사고하고 해결하는 능력을 길러야 한다고 강조해서 말씀하시죠."

베이컨 선생님은 제임스를 흐뭇한 표정으로 바라봅니다. 제임스가 계속 이야기합니다.

"어제는 안네, 하인, 볼레와 함께 바다에 수영하러 갔어요. 그곳에서 베이컨 선생님께 배운 수학의 원리를 유감없이 활용할

수 있었죠."

"어떤 수학 원리를 배웠니?"

"바닷가에 도착한 우리는 각자 준비해 온 정사각형 돗자리 네 장을 깔아 편히 쉴 수 있는 자리를 마련했어요. 그런데 갑자기 바람이 세게 부는 거예요. 돗자리가 날아가지 않도록 고정하려고, 돗자리에 올려놓을 만한 것들을 찾기 시작했어요. 다행히 막대기 16개를 찾았죠. 그래서 돗자리의 가장자리를 따라 각자 막대기 4개씩을 올려놓았어요. 제가 그림으로 그려 볼게요."

제임스는 칠판에 그림을 그리고 이야기를 계속합니다.

"그러던 중에 수잔이 놀러왔어요. 수잔도 준비해 온 돗자리를 바닥에 깔고는 우리처럼 가장자리에 막대기를 올려놓으려고 했어요. 하지만 막대기는 더 이상 찾을 수가 없었어요."

그러자 장학관 선생님이 말합니다.

"그렇다면 수잔과 안네가 돗자리를 같이 쓰면 되겠네. 좁아서 불편하기는 하겠지만 말이다. 친구끼리 사이좋게 지내야 한단다."

"우리는 불편함을 참기보다는 수학의 원리를 유감없이 활용하기로 했죠. 그래서 막대기 16개로 돗자리 다섯 장의 가장자리 20곳을 모두 고정시킬 수 있는 방법을 찾아냈어요!"

"그게 어떻게 가능하지? 네 말이 믿어지지 않는구나."

제임스가 으스대며 말합니다.

"조금만 수학적으로 생각한다면 아주 쉽게 해결할 수 있죠. 제가 힌트 하나를 드릴게요. 막대기 두 개만 자리를 바꿔 보세요. 또 막대기가 하나만 더 있다면, 심지어 돗자리 여섯 장의 가장자리 24개를 모두 고정시킬 수도 있다고요!"

장학관 선생님은 칠판의 그림을 바라보며 골똘히 생각합니다. 그 모습을 바라보는 베이컨 선생님의 얼굴에 미소가 피어납니다.

마흔네 번째 문제

색연필 몇 개가 필요할까?

"선생님들, 보셨지요?"

베이컨 선생님이 기뻐서 소리칩니다. 교장 선생님과 장학관 선생님이 문제를 푸느라 쩔쩔맬 때, 베이컨 선생님이 멋지게 문제를 해결했기 때문입니다.

"수학은 이렇게 일상생활에 활용할 수 있답니다. 이게 바로 살아 있는 수학, 그러니까 뭐더라……."

베이컨 선생님이 얼버무리자 제임스가 한마디 거듭니다.

"실용 수학 말씀이시죠?"

"그래, 실용 수학을 말하려고 했단다. 고맙다, 제임스! 실용 수학이야말로 우리 반에서 추구하는 수업 방식입니다."

그러자 장학관 선생님이 들뜬 표정으로 말합니다.

"아주 흥미로운 수업 방식 같군요. 혹시 다른 예를 하나 더 들어볼 수 있을까요?"

하지만 베이컨 선생님은 좋은 예가 떠오르지 않습니다. 그래

서 꿀꿀 삼총사에게 곁눈질로 도움을 요청합니다. 하인이 한쪽 눈을 찡긋거리며 말합니다.

"지도를 이용한 문제가 있었잖아요!"

"그래, 네가 나를 대신해 두 분 선생님께 그 문제를 설명해 드리겠니?"

하인은 가방 속에서 색연필을 꺼내더니, 지도 하나를 그립니다.

"이 지도를 잘 보세요. 지도에는 여러 마을이 나란히 자리하고 있어요. 이 마을들을 좀 더 쉽게 구분하기 위해서는 각각의 마을들을 저마다 다른 색으로 칠해야 하죠. 저에게는 지금 노란색, 빨간색, 파란색, 초록색, 보라색 등 여러 가지 색연필이 있어요. 이제 문제를 낼게요. 서로 경계가 맞닿은 마을들이 같은 색으로 칠해지지 않으려면, 색연필이 몇 개나 필요할까요?"

마흔다섯 번째 문제

코르크 마개의 값은 얼마일까?

장학관 선생님이 감탄하며 말합니다.

"아주 훌륭합니다. 이 수업 방식을 우리나라의 모든 학교에 도입해야겠군요. 우리나라 학교에 새로운 교육 개혁을 할 수 있겠군요!"

교장 선생님도 한마디 거듭니다.

"장학관 선생님 의견에 전적으로 찬성합니다. 그나저나 베이컨 선생님, 또 다른 문제도 내주실 수 있으세요?"

베이컨 선생님이 함박웃음을 지으며 말합니다.

"물론이죠. 우리 반 학생들이 두 분 선생님께 문제를 설명해 드릴 겁니다. 저한테 이미 많은 문제들을 배웠거든요."

그러자 제임스가 나섭니다.

"5미터 높이의 두 개의 막대 사이에 10미터 길이의 줄 하나가 걸려 있어요. 그 줄의 5미터가 되는 한가운데 부분이 늘어져 땅에 닿아 있도록 말이에요. 그렇다면 두 막대는 서로 얼마나 멀리 떨어져 있어야 할까요?"

제임스의 뒤를 이어 하인이 문제를 냅니다.

"코르크 마개가 하나 더 달린 포도주 한 병의 값은 6,000원입니다. 그리고 포도주를 사려면 5,000원을 지불해야 합니다. 그렇다면 코르크 마개 하나는 얼마일까요?"

다음으로 볼레가 문제를 냅니다.

"열 명의 학생들이 있는데요……."

"얘들아, 잠깐만!"

교장 선생님이 질문을 가로막습니다.

"그렇게 문제를 빨리 내면 어떡하니? 생각할 시간이라도 좀 줘야지."

장학관 선생님도 손을 휘저으며 말합니다.

"잠시만 기다려라. 선생님들이 집중해서 하나하나 대답할 테니 말이다. 그 대신 조용히 해야 한다."

교장 선생님과 장학관 선생님은 양손으로 머리를 쥐어짜고 두 눈을 꼭 감은 채, 문제를 해결하기 시작합니다. 교실은 이내 조용해집니다.

마흔여섯 번째 문제

담장 위에는 몇 마리가 남아 있을까?

하인이 낄낄대며 말합니다.

"정말 아깝네요! 두 문제 모두 틀리셨어요. 수학 공부를 열심히 하셔야겠어요. 저희가 문제를 좀 더 내드릴까요?"

교실 여기저기서 학생들이 문제를 냅니다. 먼저 안네가 문제를 냅니다.

"농부들은 어느 날에 건초를 베어 말릴까요? 6월일까요, 아니면 7월일까요?"

수잔도 문제를 냅니다.

"까마귀 아홉 마리가 담장 위에 앉아 있어요. 사냥꾼이 그중 세 마리를 쏴서 떨어뜨렸어요. 그러면 담장 위에는 모두 몇 마리가 남아 있을까요?"

볼레도 나섭니다.

"선생님 7명이 학생 79명과 함께 소풍을 가고 있어요. 학생들 중 9명이……."

교장 선생님이 버럭 소리를 지릅니다.

"이제 그만! 너희가 내는 문제를 모두 풀려면 몇 날 며칠이 걸리겠구나."

교장 선생님은 이번에도 문제를 맞힐 자신이 없나 봐요. 그렇게 어려운 문제는 아닌데 말이죠.

마흔일곱 번째 문제

출석부는 누가 가져갔을까?

장학관 선생님이 베이컨 선생님에게 말합니다.

"이 똑똑한 학생들의 이름을 알고 싶은데, 출석부를 살펴볼 수 있을까요?"

'출석부'라는 말이 떨어지기 무섭게, 베이컨 선생님의 얼굴이 새파랗게 질립니다. 출석부에는 '오늘 수학 시험 치를 예정'이라고 쓰여 있으니까요. 이제 어떻게 하면 좋을까요? 이건 꿀꿀 삼총사도 결코 도와줄 수 없을 겁니다.

베이컨 선생님이 더듬거리며 말합니다.

"어, 어디 갔지? 출석부가 보이지 않네요! 좀 전까지만 해도 분명 들고 있었거든요……."

그러자 교장 선생님이 기세등등한 목소리로 다그칩니다.

"아니, 그게 무슨 말씀입니까? 출석부가 보이지 않는다고요? 도대체 정신이 있으신 겁니까, 없으신 겁니까? 그런 정신으로 어떻게 수업을 하시겠다는 거예요!"

"그러니까……. 어디로 사라졌는지 정말 모르겠습니다."

베이컨 선생님이 학생들을 쳐다보며 말합니다.

"얘들아, 너희 중 혹시 누군가가 출석부를 갖고 있니? 그렇다면 얼른 가져오너라."

꿀꿀 삼총사는 서로를 쳐다보며 눈을 찡긋거립니다.

제임스가 말합니다.

"당연히 볼레가 가져갔어요!"

하인이 말합니다.

"제임스 짓은 절대로 아니에요!"

이 말을 듣고 볼레가 소리칩니다.

"하인, 네가 출석부를 감췄잖아!"

하인이 대답합니다.

"난 결코 무언가를 감추지 않았어!"

하인은 베이컨 선생님을 바라보며 말합니다.

"선생님, 이렇게 해서는 문제가 해결될 것 같지 않아요. 이번에는 선생님이 저희를 도와주셔야겠어요."

그러자 베이컨 선생님이 교탁 앞으로 나서며 말합니다.

"그래, 내가 너희를 도와주마. 너희 가운데 하나만이 진실을

말하고 있구나."

베이컨 선생님은 갑자기 교장 선생님과 장학관 선생님을 바라봅니다.

"선생님들도 누가 출석부를 감추었는지 아시겠어요?"

교장 선생님과 장학관 선생님이 서로를 바라보며 진땀을 흘립니다. 또다시 머리를 쥐어짜며 곰곰이 생각하기 시작합니다.

이제 수업 시간이 1분밖에 안 남았습니다. 그때까지 두 선생님은 범인이 누구인지 찾을 수는 없겠죠? 그럼 오늘은 수학 시험을 안 봐도 되겠네요. 꿀꿀 삼총사의 작전은 대성공입니다! 그나저나 출석부는 도대체 누가 가져간 걸까요?

 꿀꿀 삼총사, 정답이 뭐야?

마흔 번째 문제 풀이

사이다 한 병의 양을 1, 반 병의 양을 $\frac{1}{2}$, 빈 병의 양을 0이라고 한다면, 사이다 전체의 양은 '$1 \times 7 + \frac{1}{2} \times 7 + 0 \times 7 = \frac{21}{2}$'입니다. 셋이서 나누어 가지려면, 한 명당 병은 '$21 \times \frac{1}{3} = 7$'개씩, 사이다 양은 '$\frac{21}{2} \times \frac{1}{3} = \frac{7}{2}$'씩 가지면 되죠.

이것을 수식과 그림으로 나타내 볼까요? 나누는 방법은 다음과 같이 두 가지 경우가 있습니다. 수식은 '(가득 찬 병)(개수)+(반만 찬 병)(개수)+(빈 병)(개수)'로 이루어집니다.

경우 1)

$1 \times 3 + \frac{1}{2} \times 1 + 0 \times 3 = \frac{7}{2}$

$1 \times 2 + \frac{1}{2} \times 3 + 0 \times 2 = \frac{7}{2}$

$1 \times 2 + \frac{1}{2} \times 3 + 0 \times 2 = \frac{7}{2}$

경우 2)

$$1 \times 3 + \frac{1}{2} \times 1 + 0 \times 3 = \frac{7}{2}$$

$$1 \times 3 + \frac{1}{2} \times 1 + 0 \times 3 = \frac{7}{2}$$

$$1 \times 1 + \frac{1}{2} \times 5 + 0 \times 1 = \frac{7}{2}$$

마흔한 번째 문제 풀이

맨 앞자리의 숫자를 없애면 더 커지는 수가 정말로 있습니다. 바로 '로마 숫자'로 만들어진 수입니다. 예를 들어 로마 숫자 'Ⅳ'는 '4'를 뜻하는데, 앞에 있는 숫자 'Ⅰ'을 없애면 'Ⅴ'만 남습니다. 그런데 'Ⅴ'는 '5'를 뜻합니다. 맨 앞자

아라비아 숫자	1	2	3	4	5	6	7	8
로마 숫자	Ⅰ	Ⅱ	Ⅲ	Ⅳ	Ⅴ	Ⅵ	Ⅶ	Ⅷ
아라비아 숫자	9	10	11	14	20	40	50	
로마 숫자	Ⅸ	Ⅹ	Ⅺ	ⅩⅣ	ⅩⅩ	ⅩⅬ	Ⅼ	

 꿀꿀 삼총사, 정답이 뭐야?

리의 숫자를 없앴더니 '4'에서 '5'로 커진 겁니다. 또 '9'를 뜻하는 'Ⅸ'도 'Ⅰ'을 없애면 '10'을 뜻하는 'Ⅹ'가 되죠.

마흔두 번째 문제 풀이

하인과 여동생은 8년 후에 각각 21살과 18살이 됩니다. 그렇다면 하인이 태어나던 해에 아버지는 39살이었습니다. 아버지보다 4살 어린 어머니는 그 당시에 35살이었습니다. 그런데 그때로부터 12년이 지났으니까, 이제 어머니의 나이는 47살입니다. 아버지는 51살이시고요.

또 하인이 키우는 강아지는 7살입니다. 아버지와 하인의 나이를 합하면 '51+13=64살'입니다. 어머니와 여동생의 나이를 합하면 '47+10=57'살입니다. 따라서 '64-57=7살'입니다.

마흔세 번째 문제 풀이

정사각형 돗자리 다섯 개의 변은 모두 '4×5=20개'입니다. 막대기가 16개 밖에 없으므로 면 네 개가 겹쳐져야 하지요 (20-16=4). 그림과 같이 막대기를 놓으면 됩니다.

제임스는 막대기가 하나 더 있다면 돗자리 여섯 장의 가장자리를 모두 고정시킬 수 있다고도 했어요. 돗자리 여섯 개의 변은 모두 '4×6=24개'입니다. 막대기가 17개밖에 없으므로 면 일곱 개가 겹쳐져야 하지요[20-17=7]. 그림과 같이 막대기를 놓으면 됩니다.

마흔네 번째 문제 풀이

서로 경계가 맞닿은 마을들을 같은 색으로 칠하지 않기 위해서는 네 가지 색깔의 색연필만 있으면 됩니다. 아무리 지도가 복잡하게 그려져 있더라도, 네 가지 색깔의 색연필만 있으면 같은 색이 나란하지 않도록 색칠할 수 있습니다.

옛날부터 세계 지도를 만들던 사람들은 네 가지 색만 있으면 어떤 맞닿은 나라도 겹치지 않게 표시할 수 있다는 것을 알고 있었어요. 이를 수학적으로 증명하는 문제를 '4색 문제'라고 해요. '4색 문제'는 1976년에 미국의 수학자 K. 아펠과 W. 하겐 교수가 전자계산기를 1,200시간이나 돌려서 겨우 증명했답니다.

마흔다섯 번째 문제 풀이

첫 번째 문제의 정답은 다음과 같습니다. 두 막대는 서로 맞닿아 있습니다.

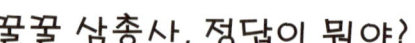 꿀꿀 삼총사, 정답이 뭐야?

그렇지 않고서는 그중의 한가운데가 늘어져 땅바닥에 닿을 수는 없거든요.

두 번째 문제의 정답은 다음과 같습니다. 이 문제를 풀기 위해서는 포도주 병에는 원래 마개 하나가 포함되어 있다는 사실을 기억해야 합니다. 즉, 포도주 한 병을 살 때의 값인 5,000원에는 코르크 마개 하나의 값이 이미 포함되어 있습니다. 그렇다면 코르크 마개 하나를 추가로 포함시켜 포도주 한 병을 살 때의 값에는 코르크 마개 두 개의 값이 포함되어 있는 셈이죠. 따라서 6,000원에서 5,000원을 뺀 1,000원이 코르크 마개의 값이라고 대답하면 안 됩니다. 1,000원을 둘로 나눠야만 하지요. 결국 코르크 마개 하나의 값은 500원입니다.

마흔여섯 번째 문제 풀이

첫 번째 문제의 정답은 다음과 같습니다. '어느 달에도 건초를 말리지 않는다'가 정답입니다. 농부들은 '풀'을 베어 말리지, '건초'를 베어 말리지는 않기 때문입니다. 풀을 말린 것이 건초이니까요.

두 번째 문제의 정답은 다음과 같습니다. 담장 위에는 까마귀가 한 마리도 남아 있지 않습니다. 총을 쏘는 바람에 까마귀들이 놀라서 모두 날아가 버렸거든요.

마흔일곱 번째 문제 풀이

베이컨 선생님은 "셋 중에 하나만이 진실을 말하고 있다"고 말씀하셨습니다. 즉, 하나만이 진실을 말하고 있고, 다른 둘은 거짓을 말하고 있다는 말씀입니다. 따라서 "하인, 네가 출석부를 감췄잖아!"라고 주장한 볼레가 진실을 말했다고 가정한다면, 제임스와 하인이 거짓말을 한 셈이죠. 그리고 이 경우라면 볼레의 말대로 하인이 출석부를 감춰야만 합니다. 하지만 하인은 "제임스 짓은 절대로 아니에요!"라고 말했는데, 이 말이 거짓이라면 출석부를 감춘 사람은 제임스여야 합니다. 결국 이 경우에는 하인과 제임스 둘이 출석부를 감추었다는 결론이 나옵니다. 이 말은 볼레가 주장한 "하인, 네가 출석부를 감췄잖아!"와 모순되므로, 볼레만이 진실을 말하고 있다는 경우는 성립되지 않습니다.

다음으로 "당연히 볼레가 가져갔어요!"라고 말한 제임스만이 진실을 말하고 있다고 가정해 볼까요? 그렇다면 출석부를 감춘 사람은 볼레여야 합니다. 하지만 이 경우는 말이 안 되지요. 왜냐하면 "제임스 짓은 절대로 아니에요!"라는 하인의 주장 또한 거짓이 되고, 따라서 제임스가 출석부를 감춘 것이 되니까 말입니다. 따라서 이 경우도 성립되지 않습니다.

마지막으로 "제임스 짓은 절대로 아니에요!"라고 말한 하인만이 진실을 말하고 있다고 가정해 볼까요? "하인, 네가 출석부를 감췄잖아!"라고 말한 볼레나 "당연히 볼레가 가져갔어요!"라고 말한 제임스는 모두 거짓말을 하고 있는 셈입니다. 그리고 이 경우에는 서로 간의 말에 아무런 모순도 존재하지 않으니, 하인의 주장이야말로 진실이 될 수 있습니다.

즉, 하인도 출석부를 감추지 않았고, 볼레나 제임스도 출석부를 감추지 않았을 것입니다. 그렇다면 출석부를 감출 가능성이 남아 있는 사람은 오직 베이컨 선생님뿐입니다. 왜냐하면 선생님은 교장 선생님과 장학관 선생님이 출석부를 살펴보는 것을 원하지 않기 때문이지요. 출석부에는 '오늘 수학 시험 치를 예정'이라고 쓰여 있으니까요.

 탐구노트를 잘 쓰는 법!

많은 학교와 학원에서 탐구노트의 중요성에 대해 말합니다. 그러나 탐구노트는 반드시 오답노트와 정리노트와는 달라야 합니다. 소크라테스와의 대화를 통해 자신의 오류를 깨닫고 새로운 질문을 만들어내서 생각과 지식의 폭을 넓히듯이, 우리도 책을 통해 알게 된 지식들을 선생님과의 대화를 통해 수정하고 자신만의 지식을 확장할 수 있는 문제를 만들어 탐구하는 장, 그것이 바로 수학탐구노트입니다.

탐구노트는 책을 읽고 스스로 탐구주제를 정하고 탐구하기 위해 쓰는 것인데, 탐구노트를 어느 정도 잘 쓰기 위해서는 2년 정도 주제탐구를 하는 연습이 필요합니다. 여러분이 책을 읽고 자신의 생각을 글로 표현하기 위해서는, 특히 그것이 논리적 글쓰기라면 더욱더 연습이 필요합니다.

탐구노트를 잘 쓰기 위해서는 주제에 맞는 탐구노트를 쓰는 것이 중요합니다. 어린이 여러분은 글을 쓸 때, 자신의 생각을 적는 것을 좋아해서 "이럴 것 같다"라는 말로 마무리 짓는 경향이 있습니다.

그러나 탐구노트는 탐구주제에 대한 자신의 생각을 자료조사, 검증, 증명 등의 수단을 통해 결과를 정리하는 것이 더 중요합니다. 어린이들의 호기심은 무한하지만, 그 호기심이 단순히 '이럴 것 같다', '왜 그렇지?'라는 생각으로만 끝난다면 의미가 없기 때문입니다. 그리고 이런 과정은 혼자서 여러 번 쓰는 것보다 잘 쓰여진 친구들의 탐구노트를 읽어보거나 선생님의 피드백을 통해 성장하는 과정이 필요합니다.

버려야 할 생각

① 탐구노트에 그날 배운 수학 내용이나 수학동화를 읽고 느낀 점, 기억하는 내용을 정리해야 한다는 생각은 버립니다.
② 꼭 답을 내야 한다는 생각은 버립니다.
③ 꼭 푼 문제의 답을 맞혀야 한다는 생각은 버립니다.
④ 보통의 탐구노트처럼 한두 쪽만 써야 한다는 생각은 버립니다.

가져야 할 생각

① 오늘 배운 내용이 반드시 그렇지 않다면, 다른 방법은 없을

까?

② 오늘 배운 내용이 이렇다면, 그 다음에 이것보다 한 차원 높은 단계는 뭘까?

③ 책에서 이런 글의 내용을 읽었는데, 왜 그렇게 되지?

④ 오늘 배운 내용에 의하면 이런데, 이것을 다른 문제를 풀 때도 적용할 수 있을까?

⑤ 이런 수학적 원리와 개념은 우리 일상생활에서 뭐가 있지?

탐구노트에 쓰지 말아야 하는 용어

① 다음에 꼭 알아봐야겠다. → 오늘 알아봅시다.

② 이러이러한 것들이 궁금하다.

→ 그런 궁금한 것들을 연구하는 것이 탐구노트입니다.

③ 어려웠다, 쉬웠다, 힘들었다, 보람되었다 등의 감정을 담은 내용

→ "이것으로 오늘 탐구를 마무리한다"로 끝을 맺어 봅시다.

④ 선생님께 여쭤봐야겠다.

→ 스스로 찾아보고 정리한 후 선생님께 확인을 부탁드리면 어떨까요? 세상을 바꾼 수학자들은 항상 스스로 탐구하기를 좋아했습니다.

탐구주제

이제까지 읽은 이야기가 재미있었나요? 이 책에 나오는 문제들을 풀려면 수학적으로 사고해야 합니다. 다음의 질문들을 곰곰이 생각해 보며 탐구노트를 써 보세요.

1. 님 게임의 전략에 대해 탐구해 봅시다.

(1) 님 게임의 방법에 대해 설명해 봅시다.

(2) 여러 가지 문제를 만들어서 해결해 보며 항상 이기는 님 게임 전략을 만들어 봅시다.

2. 무게가 다른 하나의 구슬을 찾기 위한 양팔 저울의 최소 사용횟수에 대해 탐구해 봅시다.

(1) 구슬이 2개인 경우부터 구슬의 개수를 하나씩 늘리며 어떻게 하면 저울을 최소로 사용하며 구할 수 있을지 생각해 봅시다.

(2) 규칙을 찾아봅시다.

(3) 많은 개수의 구슬들과 섞여 있는 무게가 다른 구슬을 찾

기 위한 양팔 저울의 사용횟수를 직접 나열하지 말고 구해 봅시다.

3. 거듭제곱에 대해 탐구해 봅시다.

(1) 1년 동안 매월 1,000원씩 받는 것과 10원을 매월 거듭제곱으로 받는 것 중 어느 쪽이 이익일지 탐구해 봅시다.

(2) 거듭제곱의 계산법을 이용해 알아내고 싶은 것이나, 해결하고 싶은 것 등 재미있는 문제를 만들고 해결해 봅시다.

 탐구노트 예시

1. 님 게임의 전략에 대해 탐구해 봅시다.

3. 가장 재미있었던 부분은 「님게임」이라는 과목을 배웠을 때다. 님게임은 2명이 하는 것이고, 마지막 바둑돌을 가져가면 이기거나 지는 게임이다.

4. 지금부터 Nim 게임에 대한 연구를 시작하겠다.
① 조건: 20개의 바둑알이 있다.
　　　　한 번에 1개 또는 2개
　　　　마지막 돌을 가져가면
　　　　진다.

이기기
이기기 위해서는 상대편이 20번 바둑 돌을 가져가게 만들어야 하니까 나는 19번째 돌을 가져가야 한다. 그러면 상대편이 17,18번 또는 17번을 가져가야 한다. 그러면 16번 돌을 내가 가져가야 한다. 그러므로 내가 가져가야 하는 돌은 19,16,13,10,7,4,1번이다. 반드시 이기기 위해서는 먼저 시작해서 1번 돌을 가져간다.

② 조건: 20개의 바둑알이 있다.
　　　　한 번에 1개 또는 2개
　　　　마지막 돌을 가져가면
　　　　이긴다.

이기기 위해서 상대편이 19번 또는 18,19번을 가져가야 한다. 그러면 내가 17번을 가져가야 한다. 그러므로 상대편이 16번 아니면 15,16번을 가져가게 해야 한다. 내가 가져가야 하는 바둑돌은 20,17,14,11,8,5,2,1번 이다. 그래서 내가 먼저 시작하여 2개를 가져오면 된다.

③조건: 15개 바둑알
  1개 또는 2개
  마지막 돌을 가져가면 진다.

○○○○○○○○○○○○○○○

내가 꼭 말해야하는 돌은 14,11,8,5,2번 이므로 내가먼저시작하여 1,2번 돌을 가져오면 된다.

④조건: 바둑돌 13개 1에서 3개까지 마지막 돌을 가져가면 진다.

○○○○○○○○○○○○○

상대방이 먼저 시작하여 돌을 가져가게 하고 그 뒤에 4개씩 묶어서 바둑돌을 가져 간다.

⑤ 10개의 바둑알 1에서 2까지 마지막 돌 가져가면 이긴다.

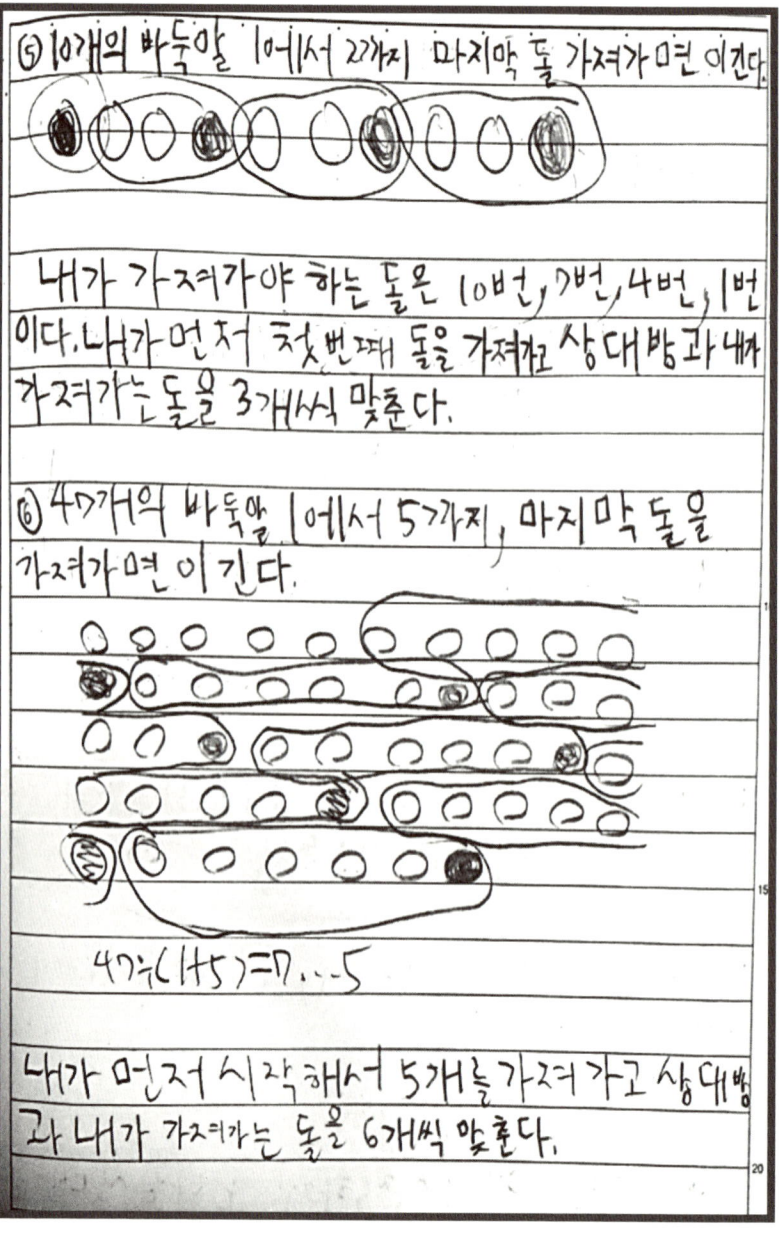

내가 가져가야 하는 돌은 10번, 7번, 4번, 1번이다. 내가 먼저 첫번째 돌을 가져가고 상대방과 내가 가져가는 돌을 3개씩 맞춘다.

⑥ 47개의 바둑알 1에서 5가지, 마지막 돌을 가져가면 이긴다.

47÷(1+5)=7...5

내가 먼저 시작해서 5개를 가져 가고 상대방과 내가 가져가는 돌을 6개씩 맞춘다.

선생님의 한마디

님(NIM) 게임이란 수학적 전략을 이용하는 게임이야. 몇 개의 돌을 두고 순서대로 돌아가면서 정해진 수만큼 가져오는 게임이지. 최대한 가져올 수 있는 수는 정해 있으며, 무조건 1개는 가져와야 해. '마지막 돌'을 가져오는 사람이 이기거나 지는 것으로 승부가 갈리지.

님 게임에서 가장 중요한 것은 상대가 어떤 수를 가져가더라도 무조건 만들 수 있는 수야. 즉, (최소개수)+(최대개수)의 값이 중요하단다.

(1) 마지막 돌을 가져가면 이기는 님 게임

> 두 사람이 님 게임을 합니다. 전체 개수가 19개이고, 한 번에 가지고 갈 수 있는 최소 개수가 1개, 최대 개수가 3개입니다. 마지막 돌을 가져가면 이깁니다.

이 게임에서 무조건 만들 수 있는 수는 4(1개+3개)란다. 19÷4=4 … 3이므로, 3개를 먼저 없애고 계속해서 4개씩 맞춰서 없애야 한단다. 그렇게 하면 처음 시작한 사람이 무조건 19번째 돌을 가져가게 되고, 이길 수밖에 없지!

그림을 통해 알 수 있듯이, 나중에 시작한 사람은 이기려면 자신이 이길 수 있는 수를 생각해 놓아야 해. 자신이 이길 수 있는 수는 3, 7, 11, 15, 19를 가져오는 거지! 이 수를 기억하고, 자신이 이길 수 있도록 하면 돼.

(2) 마지막 돌을 가져가면 지는 님 게임

마지막 돌을 가져가는 님 게임과 방법은 똑같아. 하지만 마지막 가져가는 돌을 (전체 개수)-1로 정해야 해. 내가 마지막의 돌의 바로 앞 돌을 가져오면, 마지막 돌은 항상 상대방이 가져가게 되니까. 이 방법만 알면 이길 수밖에 없지!

2. 무게가 다른 하나의 구슬을 찾기 위한 양팔 저울의 최소 사용횟수에 대해 탐구해 봅시다.

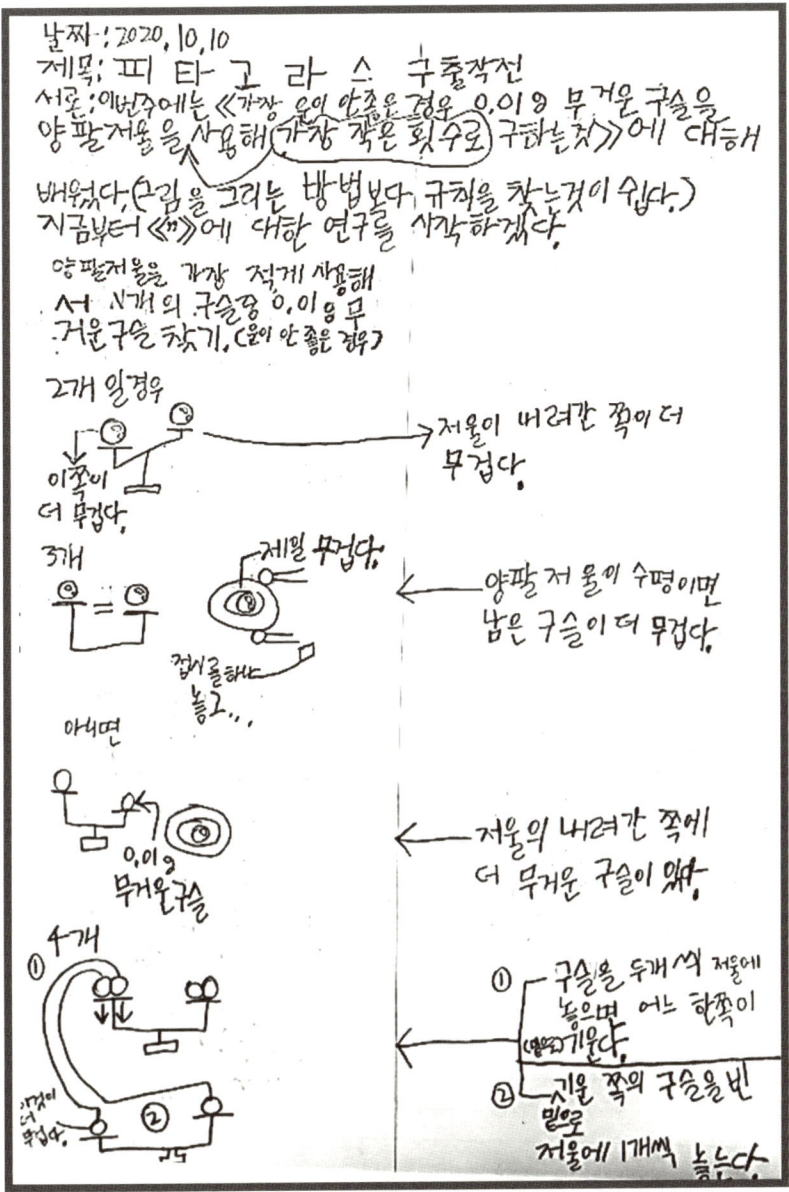

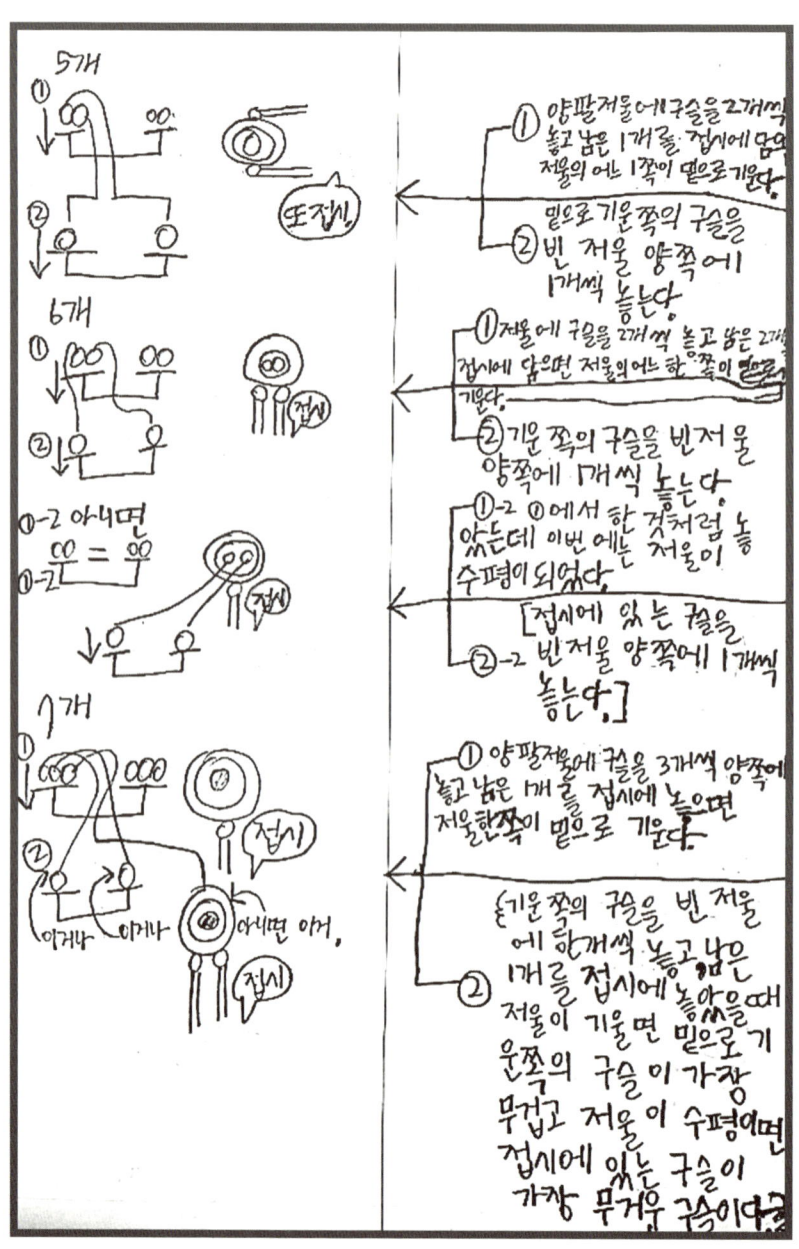

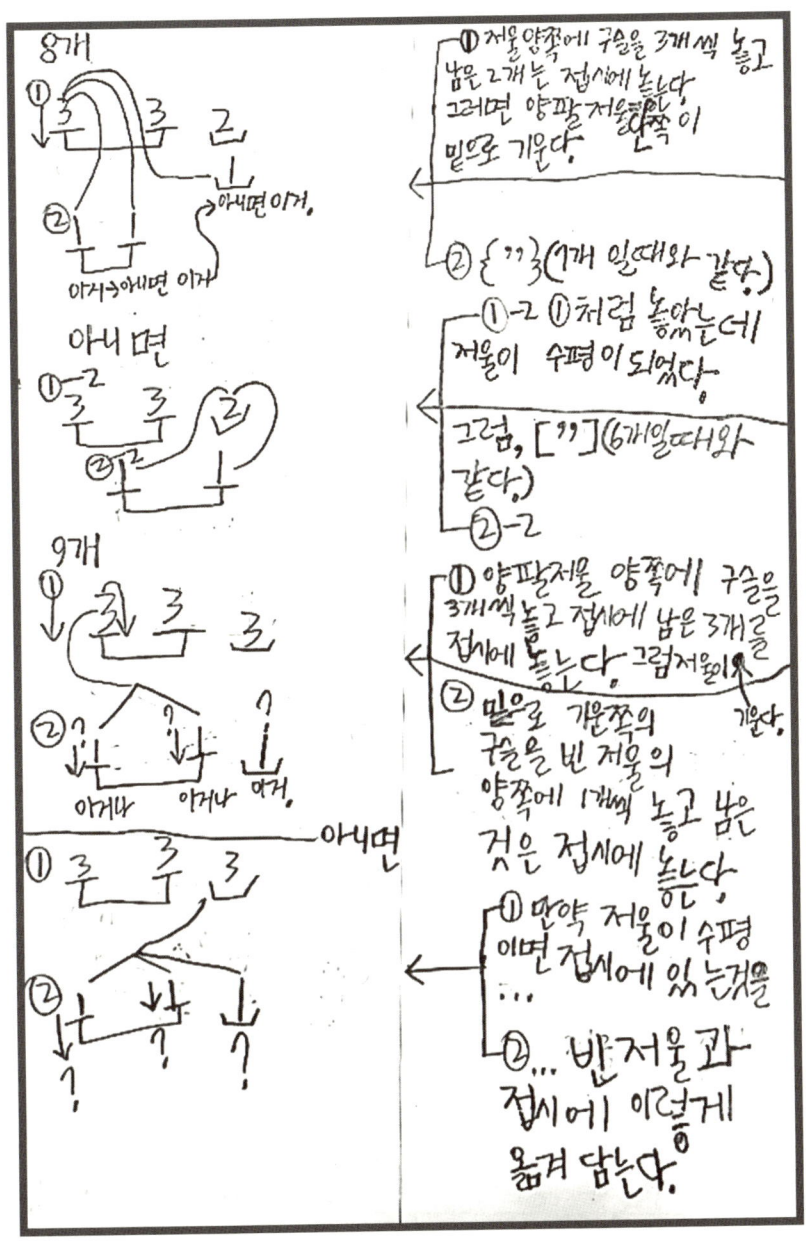

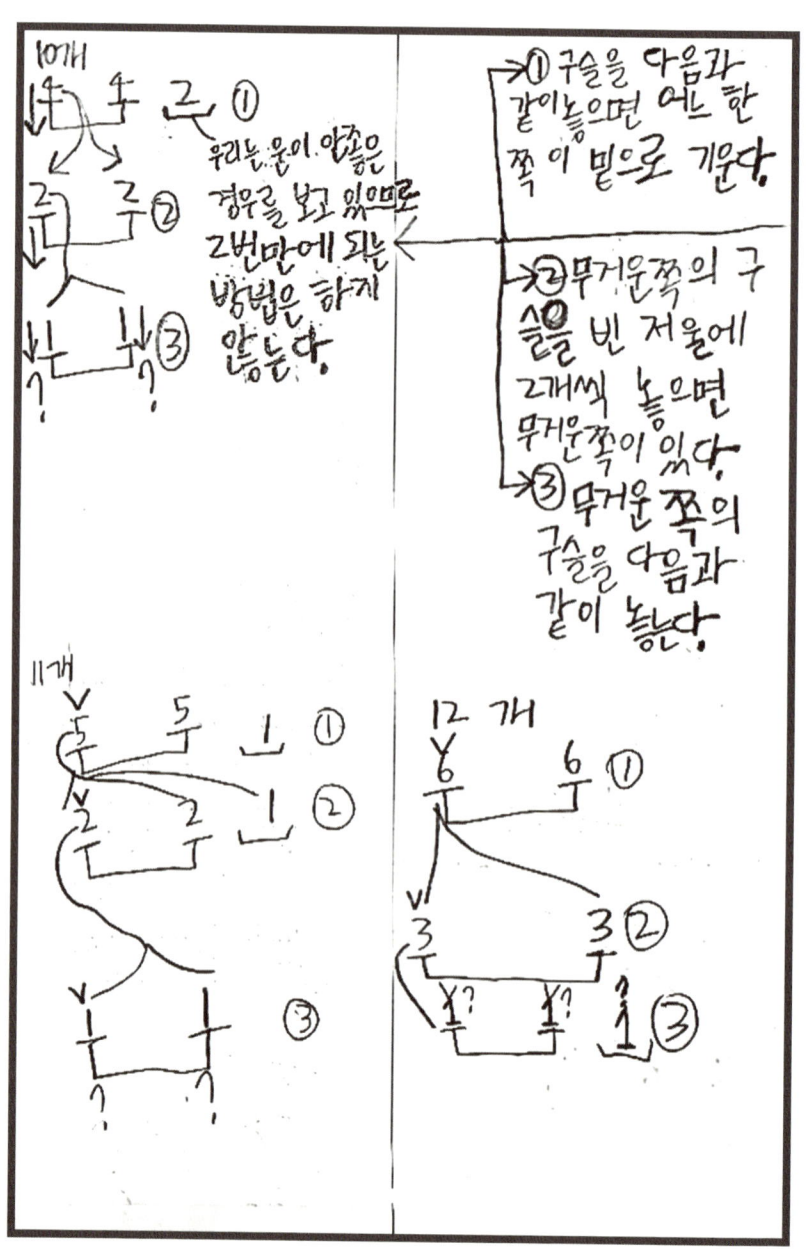

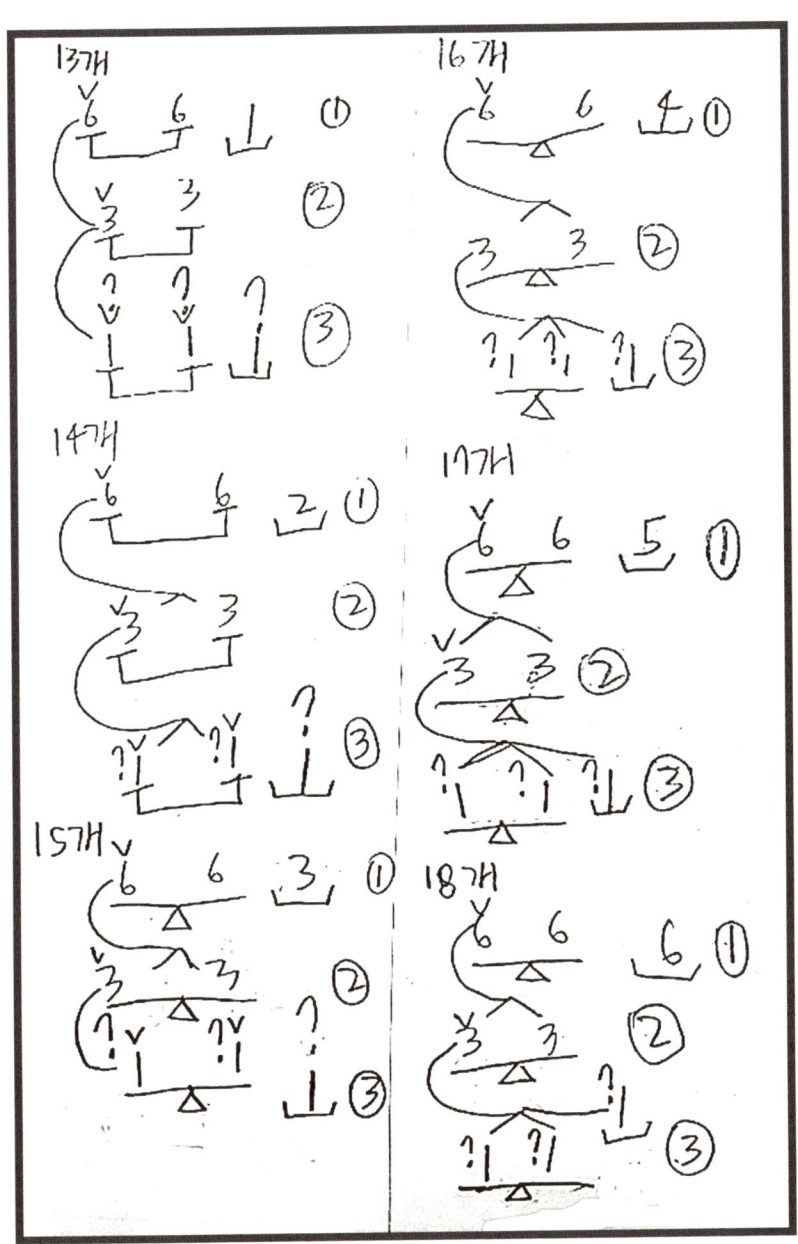

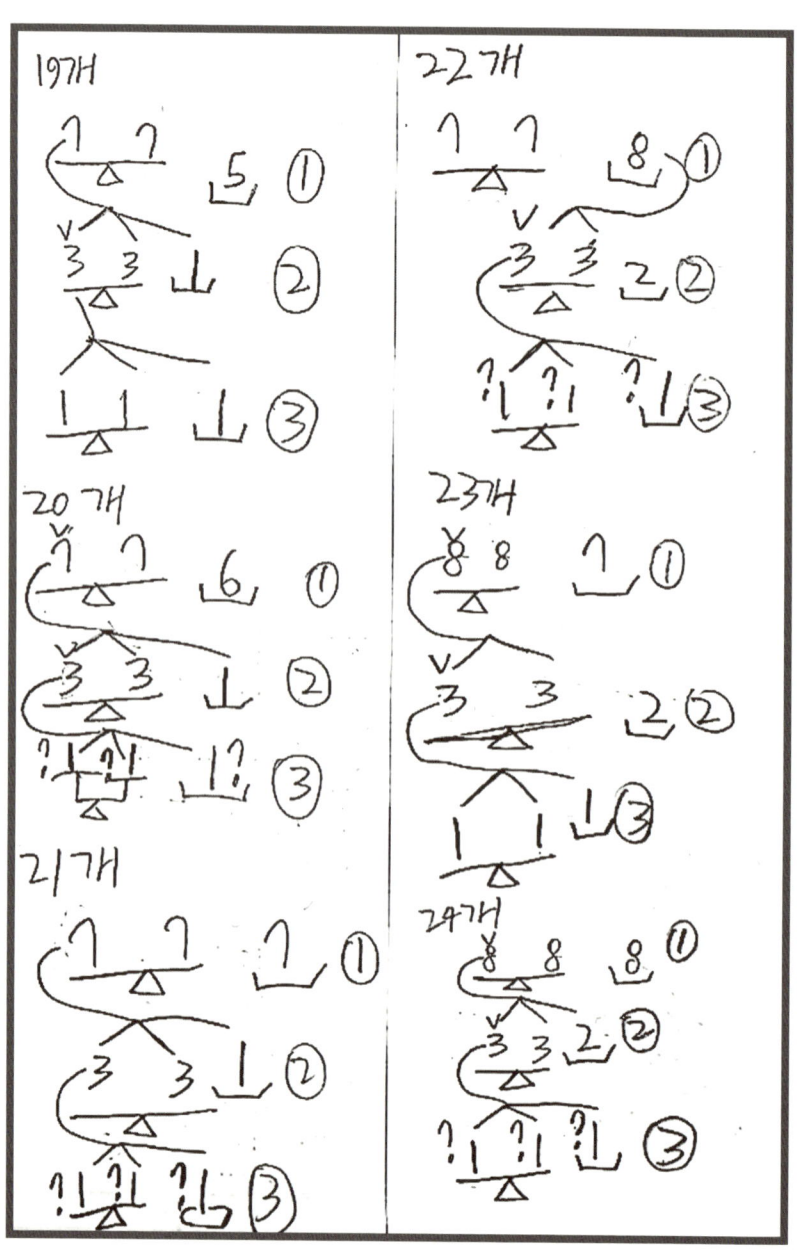

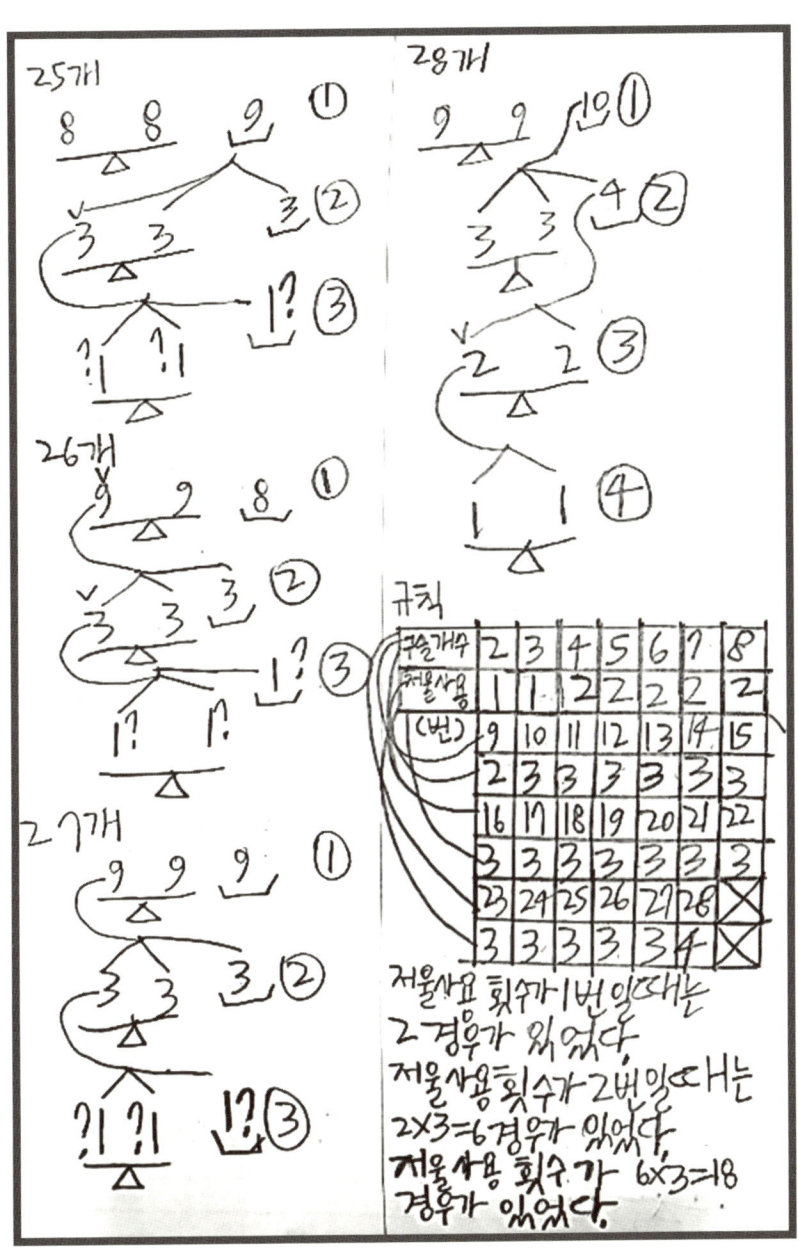

저울을 4번 사용하는 경우는
18×3=54번 있다.

2∨3 : 1번
4∨9 : 2번
10∨27 : 3번
28∨81 : 4번
55∨162 : 5번

그렇다면 이 규칙을 이용해 문제를 풀어보겠다.

· 777개의 구슬 속에 들어있는 무게가 다른 하나의 구슬을 찾기 위한 양팔 저울의 최소 사용횟수를 아래 단계별로 연구.

① 위 1에서 찾아낸 규칙에서 횟수 구하기.

55∨162 : 5번
163∨486 : 6번
487∨1461 : 7번 답) 7번

② 저울의 사용 경우 그리기.

① 259 259 259
② 86 86 87
③ 29 29 29
④ 9 9 11
⑤ 4 4 3

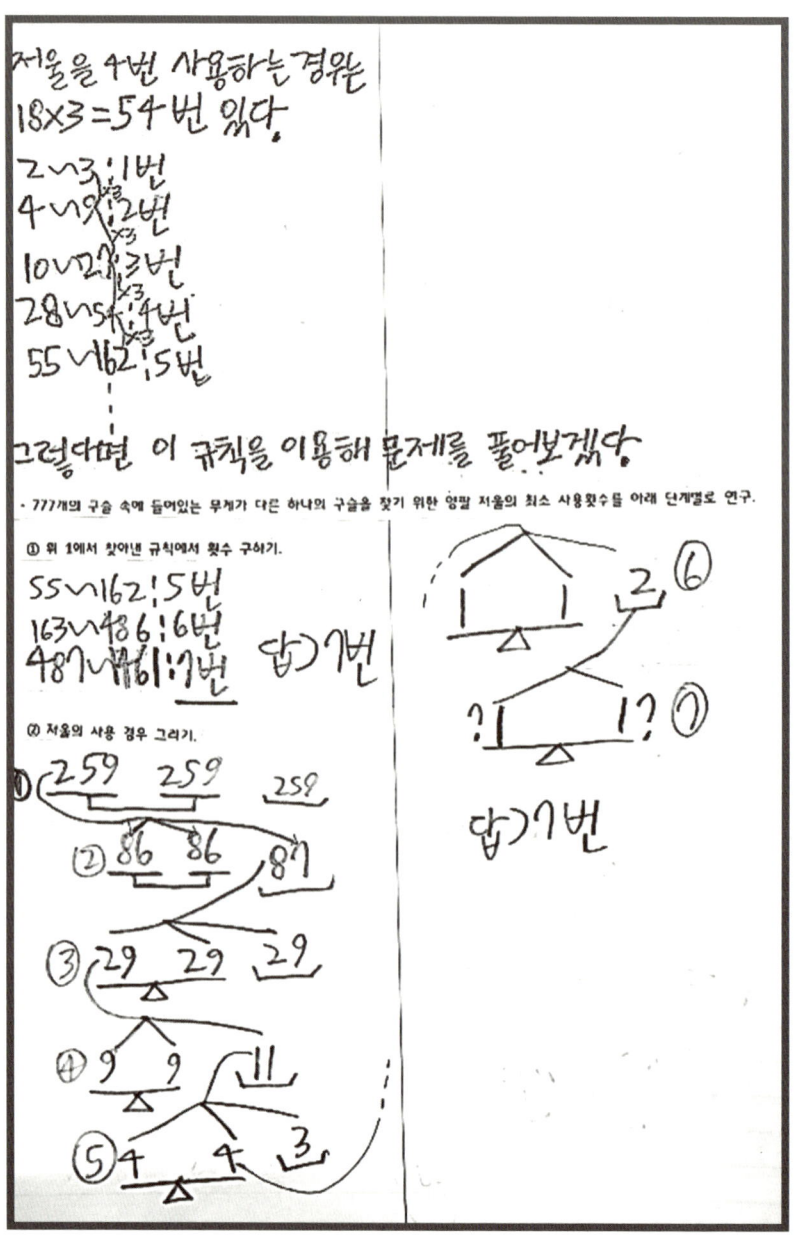

답) 7번

〈배수 판별법〉

이번에는 큰 수가 어떤 수의 배수인지 나눠보지 않고 아는 방법을 배웠다. 즉, 배수 판별법을 배웠다. 그렇다면 123456789 12345678을 625로 나누면 나머지가 얼마일까?

먼저 여러 배수의 성질을 알아보자.

2: 일의자리 숫자가 2의 배수이다 (
3: 각자리 숫자의 합이 3의 배수
4: 백의 미만의 수가 4의 배수이거나 00
5: 일의자리 수가 0 또는 5인수
6: 2의 배수이면서 3의 배수인수
7: 나누는게 더 빨라요!
8: 천의 미만의 수가 8의 배수이거나 000
9: 각자리 숫자의 합이 9의 배수
11: 일의 자리수와 나머지 수와의 차가
    한자리 수가 될때까지 계산 하면
    0이 되는 수

그러면 1009112387을 625로 나눈 나머지는 얼마일까? 625를 잘 살펴보면 5의 배수이다. 100911238.7은 5의 배수일까? 아니다. 그러므로 7-5=2 나머지는 2이다.

왜? 동일아~ 625=5×5×5 이므로, 625는 10000의 배수야~ 그러므로 100911238.7
                                                                    -100910000
                                                                    ─────────
                                                                       2387   → 625의 배수
2387÷625를 해서 나머지를 구해야한다~

그렇다면 123456789123456 7.8 도 같은

(기종영아!! 내용이 좀 이상해!! 밑의 내용은 맞은데, 앞의것이 좀.. 것이 아닌거지?

방법으로 풀자. 숫자가 너무 길어 어렵게 보이지 않고 보면 쉽다. 625는 5의 배수이니 8-5=③이다. 그러므로 간단하게 나머지가 나온다. 아무리 큰 수라도 수학을 이용하면 풀린다는 것을 알자. 그런데! 12345789123456178 를 6254 눌때 8의 배수와 패턴이 거의 비슷하다.

$625 = 5 \times 5 \times 5 \times 5$ $8 = 2 \times 2 \times 2$
$16 = 2 \times 2 \times 2 \times 2$) 10000 $5 \times 5 \times 5$) 1000

그러므로 625의 배수 만 미만의 숫자가 나눠지면 된다. 그러면. 나누면 2

```
          9
625 ) 12345 6789 12345 678
      12345 6789 1234 0000
                      5678
                      5625
                        53
```

즉 나머지는 53 이다. 그러면 한번 다른 수도 해보자. 27665078966754306 은 3125의 배수일까? 아닐까? 아니면 나머지는 얼마일까? 자그러면 3125를 파헤쳐보자 그

$3125 = 5 \times 5 \times 5 \times 5 \times 5$) 100000
$\quad\quad\quad 2 \times 2 \times 2 \times 2 \times 2$

눈치챘을까? 625와 비슷한 방법이다. 그대신. 100000 미만의 수가. 3125의 배수면 된다.

그러면 나눠 보자.

```
                              13
    3125) 2766507896667543061
          27665078966675 00000  ← 3125의 배수
                        4306
                        3125
                        11811
                         9375
                         2436
```

그렇다면 2766507896667543061은 3125로 나눠지지 않고 나머지는 2436 라는 것을 알다. 복잡해 보이지 만 해보니 (조금) 쉽고 재미있었다. 그래서 한가지 문제를 더 하겠다. 378640778986011234526377986는 15625의 배수일까? 아니라면 나머지는 얼마일까? (이제 15625를 파헤칠 필요도 없겠지?)

```
                                           24
  15625) 378640778986011234526377986
                                000000
                                37798
                                31250
                                 6386
                                 6250
```

378...은 15625로 나누어 떨어지지 않고 나머지는 2886 이라는 것을 알았다. 알고보면 별것도 아니지만 나는 내가 자랑스럽다.

4의 배수와 8의 배수는 왜 꼭 백십일자리수가 000아니면 4와 8의 배수일까?
 그 이유는 4의 배수는 100의자리수부터는 나누어지기 때문이다.

4의 배수
    1000   10000   100
     ‖   ‖   ‖
   250×4   2500×4   25×4

      10   1
      ‖   ‖
     4×?   4×?

또 8의 배수는 1000의 자리수부터 나누어 떨어지기 때문이다.

8의 배수
   1000   10000   100000
    ‖   ‖   ‖
   8×125 8×250 8×2500

그럼 이번에는 1부터 9까지의 배수가 모두 되는 12자리수를 찾아볼까? 일딴 일의 자리수는 5의 배수이기 때문에 0이 된다.

선생님의 한마디

무게가 조금 다른 가짜 구슬을 찾는 횟수에 대해 탐구할 때는 어떻게 해야 할까? 일단 양팔 저울은 여러 번 사용하는 것보다 최대한 조금 사용하는 게 좋단다. 우리는 행운이 없더라도 가짜 구슬을 찾을 수 있는 횟수에 대해 공부를 했었지? 양팔 저울은 저울의 오른쪽, 왼쪽 그리고 바닥에 놓는 것까지, 한 번 사용하면 3개의 무게에 대한 의미를 알 수가 있어. 그래서 양팔 저울을 사용할 때는 꼭 3개로 나눈다는 것을 기억해야 해. 이때 주의할 점은 최대한 똑같이 3등분하는 거야.

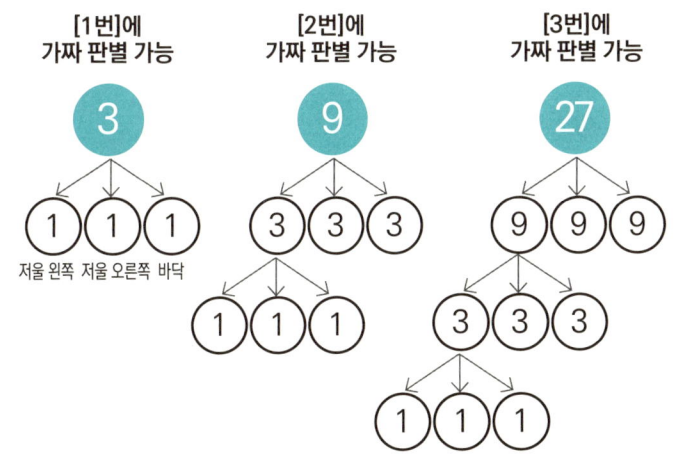

전체 구슬	횟수
3개	1번
...	2번
9개 (3^2개)	2번
...	3번
27개 (3^3개)	3번
...	4번
81개 (3^4개)	4번
...	5번
243개 (3^5개)	5번
...	6번
729개 (3^6개)	6번

이렇게 횟수를 세다 보면 양팔 저울에서 중요했던 3, 9, 27, 81, 즉 3을 여러 번 곱한 수들이 핵심이 되는 규칙을 알 수 있지. 만약 구슬 200개에서 무거운 구슬을 찾는 횟수를 구해야 한다면 아래쪽 그림과 같이 쪼개지게 될 거야. '구슬 나누기'에서 가장 중요한 것은 최대한 똑같이 3등분하는 것이야. 구슬의 수만 잘 나눌 수 있다면 최소횟수를 세는 것에 대해 잘 이해할 수 있을 거야.

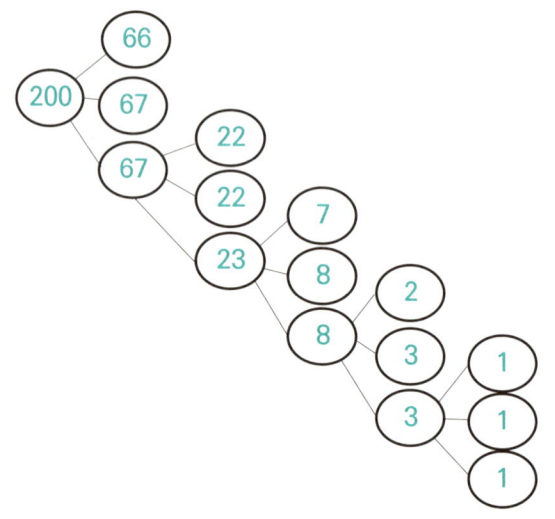

3. 거듭제곱에 대해 탐구해 봅시다.

Q < 1년 동안 매월 1000원씩 받는 것과 1월 10원, 2월 20원, 3월 40원씩 배로 받는 것 중 어느 쪽이 더 이익일까? >

내 답: 1년 매월 1000원씩 받으면 총 12,000원을 받게 된다. 1월에 10×1, 2월에 10×2, 3월에 10×4 …… 식으로 나가는 것을 다르게 표현하면 아래 표와 같이 된다.

1월	10×1	5월	10×2^4	9월	10×2^8
2월	10×2^1	6월	10×2^5	10월	10×2^9
3월	10×2^2	7월	10×2^6	11월	10×2^{10}
4월	10×2^3	8월	10×2^7	12월	10×2^{11}

이 모든 것의 합은 $10 \times (1 + 2 + 2^2 + \cdots + 2^{11})$ 이다. 이 합의 평균을 내면 $\frac{10 \times 1 + 10 \times 2^{11}}{2}$ 이다. $10 \times 1 + 10 \times 2^{11} = 10 + 20480 = 20490$ 이다. 이것을 둘에 곱하면 10,245 이다. 평균 1달 10,245원씩 12달을 가면 $10,245 \times 12 = 20490 + 102450 = 122,940$원 이 된다. 즉 1월 10원, 2월 20원, 3월 40원씩 배로 받는 것이 이익이다.

1월 $10 \times 1 = 10$
2월 $10 \times 2 = 20$
3월 $10 \times 2 \times 2 = 40$
4월 $10 \times 2 \times 2 \times 2 = 80$
⋮
11 $10 \times 2 \times 2 \times 2 \times 2 \times 2 \times 2 \times 2 \times 2 \times 2 \times 2 = 10240$
12 $10 \times 2 \times 2 \times 2 \times 2 \times 2 \times 2 \times 2 \times 2 \times 2 \times 2 \times 2 = 20480$

이 전체의 합을 구하면 공통으로 들어간 10을 묶어서 식을 만들면 $10 \times (1 + 2 + 4 + 8 + \cdots + 20480)$ 이 된다. 이 식은 $1 + 2 + 4 + 8 + \cdots 20480$ 의 합과 10의 곱을 구하면 답이 나온다. $1 + 2 + 4 + \cdots 20480$ 의 합을 구하려면 $1 + 2 + 4 + 8 \cdots + 20480$을 다시 풀어 쓴다.
$1 + 2 + 2 \times 2 + \cdots 20480 + 2 \times 2 \times \cdots \times 2$ (11개)
이것은 $1 + 2 + (2 \times 2 \times 2 \times 2$

Q: <두께가 1mm인 종이를 23번 접으면 백두산 보다 높다? 참일까? 거짓일까?> ※백두산 높이는 2744 m 임

내 답: 1mm인 종이를 1번 접으면 2mm, 2번 접으면 4mm 가 된다. 1mm 종이를 n번 접으면 그 높이는 1×2^n mm 가 된다. 1은 필요없으니 버린다. n에 23을 대입하면 2^{23} 된다. 2^{23}은 $2^{10} \times 2^{13}$이 되니까 1024×4096 과 마찬가지다.

$$\begin{array}{r} 1024 \\ \times 4096 \\ \hline 6144 \\ 9216 \\ 4096 \\ \hline 4194304 \end{array}$$

따라서 2^{23}은 4194304이다. 이것을 m로 바꾸면 1cm는 10mm이고 1m는 1,000mm이다. 따라서 4194304mm는 4194.304m이므로 백두산보다 높다.

⇒ 이 전체의 합을 계산하면 1+2+4+8+16+32 +64+128+256+512+1024+2048= 2048×2-1 = 4096-1 = 4095
이것을 10에 곱하면 40950원 이 된다
즉, 1월에 10원, 2월 20원, 3월 40원 씩 받는 것이 매월 1000원 씩 받는 것 보다 28950원 이익이다.

나의 발견: $2^0 + 2^1 + \cdots + 2^n = 2^{n+1} - 1$

40950-12000= 28950

> **선생님의 한마디**

거듭제곱(exponentiation)은 같은 수를 여러 번 곱하는 것이야. 거듭제곱은 처음에는 그 크기 변화가 그리 크지 않은 것 같지만 나중에는 하루하루마다 엄청나게 증가하게 되지.

예를 하나 들어 볼게. 처음에는 한 명의 드라큘라가 있는데, 다음 날에는 2명, 그 다음 날에는 4명으로 증가하고, 결국 33일째 날에는 약 85억 명이 드라큘라가 되지. 그러므로 '지구에는 단 한 명의 드라큘라도 존재하지 않을 것이다'라는 결론을 낼 수 있어. 왜냐고? 현재 전 세계의 인구는 약 79억 명인데 모든 사람이 드라큘라가 된다면, 드라큘라는 사람의 피를 먹을 수 없게 되어 굶어 죽을 거거든.

어때? 수학으로 증명할 수 있는 재미있는 이야기들이 많지? 너도 거듭제곱을 이용해 재미있는 이야기를 만들어 보길 바란다.

꿈수영(꿈꾸는 수학영재) 시리즈 1
• 사고력편 1 •

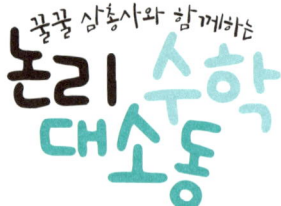

로베르트 그리스벡 글 | 닐스 플리그너 그림 | 최순근 옮김

MATHEMATRICKS. Bolle, James und Hein legen ihren Mathelehrer rein
Text by Robert Griesbeck, illustrated by Nils Fliegner

Boje Verlag in the Bastei Lübbe AG
©Bastei Lübbe AG, Germany

Korean translation Copyright ⓒ 2022 Suwabook Co., Ltd.
All rights reserved.
The Korean language edition is published by arrangement with
Boje Verlag in the Bastei Lübbe AG through EYA Agency, Seoul.

이 책의 한국어판 저작권은 에릭양 에이전시를 통해 Boje Verlag in the Bastei Lübbe AG와
독점 계약한 수와북에 있습니다.
신저작권법에 의해 한국 내에서 보호를 받는 저작물이므로 무단 전재와 무단 복제를 금합니다.

초판 1쇄 찍은날·2022년 7월 5일
초판 1쇄 펴낸날·2022년 7월 15일
펴낸이·박정희 | 펴낸곳·수와북 | 출판등록·제2013-000156호
주소·서울특별시 강남구 선릉로 120, 3층
전화·02-6731-1743 | 팩스·031-911-7931
이메일·pjh0812@naver.com

ISBN 979-11-85807-63-8 (73410)

• 책값은 표지 뒤쪽에 있습니다.
• 파본은 구입하신 서점에서 교환해 드립니다.